传统零售、新零售最终走向精益零售

龚胤全◎著

精益零售

信息化、数字化转型方法论

石油工业出版社

图书在版编目（CIP）数据

精益零售 / 龚胤全著.--北京：石油工业出版社，2020.3

ISBN 978-7-5183-3789-7

Ⅰ. ①精… Ⅱ. ①龚… Ⅲ. ①零售业–商业经营 Ⅳ. ①F713.32

中国版本图书馆CIP数据核字（2019）第280601号

精益零售

龚胤全 著

出版发行：石油工业出版社

（北京安定门外安华里 2 区 1 号100011）

网址：www.petropub.com

编辑部：（010）64523616　64252031

图书营销中心：（010）64523731　64523633

经　　销：全国新华书店

印　　刷：北京中石油彩色印刷有限责任公司

2020年3月第1版　2020年3月第1次印刷

710×1000毫米　开本：1/16　印张：12.5

字数：170千字

定价：58.00元

（如出现印装质量问题，我社图书营销中心负责调换）

专家推荐

龚胤全在他的老师碓井诚提出的“制造型零售”的基础上对中国零售企业未来发展的路径做了大胆假设，即战略上不断向制造延伸，经营上不断深化 IT 应用，唯有如此，中国零售业才能真正做到像 7-ELEVEn 等那样，与优秀的西方零售商比肩。

裴亮　中国连锁经营协会会长

我们在 2018 年引入了龚胤全老师创立的精益零售运营体系，以“单品管理”“假设—验证”“数据经营”和九个步骤为理论原型，并对精益零售运营体系的原型方法论进行总结提炼、改造吸收，形成了昆仑好客运营体系（简称 KOS），这也使本书的主要理论在实践中得到了验证。

刘刚　中石油昆仑好客有限公司执行董事、总经理

我对“精益”（Lean）一贯非常推崇，因为全世界不同行业的企业都在学习丰田管理思想，包括 Zara、7-ELEVEn、丹纳赫、西贝莜面村等，都获得了成功。所以把“精益思想”系统引入零售业也是非常靠谱的做法。龚老师在本书中初步构建了精益零售的方法论，并结合案例进行讲解，我觉得非常有指导意义。希望中国零售企业都能认真学习精益零售，练好基本功，在此基础上，应用互联网和数据技术才能更上一层楼。

希疆（游五洋）　阿里巴巴新零售供应链研究中心负责人

《精益零售》一书是中国零售业发展过程中的一股巨力，推动我们从流量运营逐步向供应链升级的方向发展，向着更高维度的制造型零售发展。这种力量不仅仅是业态的变化，更是思想和格局的变化，不仅仅是 IT 效率的提升，更是组织和精益思想的提升！我相信本书将给新一代的零售人带来长期的影响力。

翁怡诺　弘章资本创始人

丰田精益管理之前普遍用于生产领域和现场管理，龚老师的《精益零售》为我们打开了另一扇门，在零售终端：单品管理、假设—验证、数据经营驱动业务决策，可以给企业更多新的改善和变革，真正做到以客户为中心。感谢龚老师对伊芙丽精益管理的支持和帮助，更感谢龚老师对中国零售业的贡献！

钱晓韵　伊芙丽服饰创始人

龚老师的《精益零售》教会了我们中赛童装从批发型企业转型为零售型企业的正确方法，帮助我们避免了企业转型过程中的陷阱与弯路，《精益零售》是既总结了日本零售经营之神 7-ELEVEn 的精髓，又结合了中国本土企业现状而推出的适合中国本土企业精益零售的教科书，从单品管理、假设—验证、数据经营三方面概括了精益零售的精髓，是所有中国零售企业不可不读的一本好书！感谢龚老师为中国零售业做出的贡献！

沈强　中赛巴布豆童装创始人

作为一家传统的烘焙企业，味多美有幸受教于龚老师的精益零售理论。四年的学习中，我们认为《精益零售》不仅仅是一套零售管理运营理论，更是一套立足于中国新经济环境下产生的经营哲学思想，它作为企业生存变革的方法论，从单品管理、假设—验证、数据经营驱动企业组织流程变革及运营模式改善的角度为企业带来了更深的持续的战略思考，感谢龚老师对味多美大力支持与帮助！

蔡霞　味多美烘焙上海区总经理

序一

零售业趋势是制造化与 IT 经营

如果有人说，中国零售业在不少方面已经超过了欧美和日本同行，相信很多人都会表示同意。同样，如果有人想给中国和这些发达国家零售业的整体水平打个分、排个名，而中国被排在后面，我想大多数人也不会有什么异议。

中国零售企业的规模还不够大，市场集约化水平还不够高，这可以视为中西零售的差距，但规模大小在多数情况下只是一种结果，而不是问题的原因。当然，除了规模，在做中西方比较时，我们还可以找出其他方面的差距和不足。那么，在这些差距和不足中，最主要和最关键的差距是什么？如何缩小这个差距，全面提升零售业的综合能力？想回答这样的问题，眼前的这本《精益零售》也许可以帮助你找到答案。

零售的核心价值是为顾客提供物美价廉的产品和优质便利的服务。但“好的零售”在创造顾客价值的同时，也要创造社会价值，包括友善的零供关系、较好的员工待遇、对环境的友好和可持续以及稳定的投资回报。并不是所有的零售商都能同时做好这些事，换句话说，零售商长期努力的目标就是培育自己同时做好这些事的能力。《精益零售》把这个“综合能力”分为战略、业务、科技三个方面。在作者看来，中国零售企业在上述几个方面都有很大的提升空间。

得益于中国经济高速发展培育起来的肥沃的消费市场，中国实体零售业在过去二十多年间取得了长足进步。得益于互联网和移动互联网的快速普及，中国线上零售近十年实现了跨越式发展。基于产品供给过剩形成的红利，平台型零售大行其道，基于消费人口红利和资本泡沫红利，流量经营大行其道。商品、供应链、效率、精益管理都曾退避三舍。今天，零售业外延式扩张的增长模式已经遇到瓶颈，零售业供给侧改革成为大势所趋，“精益零售”也随之呼之欲出。

龚胤全长期致力于推动零售企业的精益管理，在为企业提供实操型咨询辅导的同时，他结合实践，兼收并蓄，努力尝试在理论层面实现创新突破。在他的老师碓井诚提出的“制造型零售”的基础上，龚胤全对中国零售企业未来发展的路径做了大胆假设，即战略上不断向制造延伸，经营上不断深化 IT 应用，唯有如此，中国零售业才能真正做到像 7-ELEVEn 那样，与优秀的西方零售商比肩。

反观当前中国零售企业转型发展的轨迹，何尝不像《精益零售》所阐述的，在商品经营上，从平台型的通道费经营模式向自采自营和自有品牌方向转变；在营运管理上，从前台流量的数字化营销向中后台商品和供应链的数字化经营转变。《精益零售》的出版顺应了行业转型发展的形势，提出了针对性和系统性的思考维度和实用方法，有较强的现实意义。虽然中国零售业的互联网化和数字化抢了先机，为世界同行所瞩目，但这只是科技赋能零售的开始。对未来的发展没有清晰的判断，对模式和运营没有系统专业的管理，对团队和人员没有持续的改进和提升，我们所拥有的先发优势很快就会被对手赶超，而新科技的巨大潜能也很难转化为企业发展的新动能。希望《精益零售》能帮助零售企业更客观理性地把握自己的优势和机会，看清自己的短板和改善的方向。也期待《精益零售》在理论上的探索，能促进零售理论的研究，这也是中国零售业可持续发展迫切需要的、当前却非常缺乏的重要武器。

裴亮

中国连锁经营协会会长

序二

精益零售运营体系转化成昆仑好客运营体系（KOS）

中国石油的非油品业务是中国石油依托自身的加油站网络和客户资源，为客户提供燃油、燃气以外的商品或服务，以满足客户延伸需求的商业活动。从国际石油公司的经验看，油品和非油品一体化运营是加油站企业不可分割的盈利模式组合。中国石油作为国内加油站行业非油品业务的开创者，自 2001 年起，在广东等省区销售公司开展非油品业务试点，2007 年，在成品油销售企业全面开展了非油品业务。十余年间，非油品业务的收入、毛利、利润年均增长 30% 以上，形成了以昆仑好客便利店、咔咔汽车服务为主要业务的非油品业务体系。按照中国连锁行业协会的排名，2018 年位居中国连锁百强第 27 位，中国快消品连锁百强第 9 位，中国品牌连锁便利店门店规模第 2 位。

随着加油站网络开发的红利逐渐见顶，原有开店动能不足以支撑非油品业务持续较快增长。与零售行业先进企业相比，我们在体制机制、应变能力、运行效率等方面还有一定的差距，需要引入新方法、新体系来激发内生动能。对国内外知名的管理体系进行了专题研究，2018 年引入了龚胤全老师创立的精益零售运营体系，以“单品管理”“假设—验证”“数据经营”三大支柱和九个步骤为理论原型，创造性应用非油品管理方法，研究精益零售体系与现行非油品业务的融合创新结合点。通过在 5 家省区销售公司开展实证论证，首先进行意识改革，搭建试点组织机构，在省区非油品分公司优化商品、运营、供应链、门店等职能，组建 5 支工作团队，新增和优化了29项主要工作流程，完善商品全生命周期管理和运营督导辅导的联动工作机制。一年多来，先后培训超过5000人次，应该说精益零售在我们的体系内取得了良好的效果，参与试点的门店，同比销售业绩平均增幅在30%以上，有些门店甚至能达到70%以上，一些核心的品类销售收入实现翻番的目标，如粮油类、奶类、酒类等商品。在龚胤全老师亲自辅导的上海一家门店，2019年1—10月的销售业绩是上一年同期的3倍。

在实践过程中，我们和龚胤全老师一起，对精益零售运营体系的原型方法论进行总结提炼、改造吸收，形成了与中国石油非油品业务发展相适应的3/4/5/9方法论体系，我们称之为昆仑好客运营体系。在新工作机制支撑下，昆仑好客便利店着力业务转型升级，构建商品、运营及供应链高效协同、以顾客需求和商品为中心、贯穿全价值链的数字化运营体系，让知识创造成为企业常态，实现企业自我主动迭代发展，这也使本书的主要理论在实践中得到了验证。

一百年太久，只争朝夕！中石油昆仑好客有限公司在全系统推广昆仑好客运营体系，加快构建“人·车·生活”生态圈，努力以更加优质的商品、更加贴心的服务，带给顾客更加放心、舒心、安心的体验。也衷心祝愿精益零售运营体系的核心理念在零售行业能够落地生根、花开报喜，为中国零售业务向着精、强、细、实、快全面发展贡献力量！

中石油昆仑好客有限公司执行董事、总经理

前言

在 IT 行业从事软件系统开发及网络通信工作 5 年后，我于 2005 年加入上海用友幅驰信息咨询公司，这是一家日本东证一部上市公司 Future Architecture 信息咨询与中国用友软件工程（现更名为瑞友科技）合资的公司，公司副董事长碓井诚曾担任日本 7-ELEVEn [①]常务董事信息本部长，构建了全球最领先的信息系统，并创立了“IT 经营论”，在 7-ELEVEn 工作 25 年后加入日本 Future Architecture 并担任副社长。在惊叹 7-ELEVEn 创始人铃木敏文成为日本新经营之神后，我深感中国零售业与日本零售业的巨大差距，立志要将 7-ELEVEn 零售方式及 IT 经营论在中国进行推广。

1985 年，美国麻省理工学院历时 5 年耗资 500 万美元研究全球制造业后，发现日本丰田汽车运营效率最高，便将丰田汽车生产方式定名为“精益生产”，并研发出“精益思想”，总结出五项原则:“价值、价值流、流动、拉动、尽善尽美”。我作为上海交通大学零售总裁班老师，受此启发后发现全球零售业中以日本 7-ELEVEn 运营效率最高，崇光 & 西武百货、伊藤洋华堂、优衣库、无印良品、丹尼斯餐饮等都在学习 7-ELEVEn 经营哲学，后来我历时 20 年深入研究制造型零售业管理架构，最终将日本 7-ELEVEn

① 7-ELEVEn 是该公司的商标，本书统一书写为 7-ELEVEn。

零售方式定名为“精益零售”,并研发出“精益零售运营体系”,也是信息化、数字化转型方法论。

精益零售并非精益求精的意思，也并非是麻省理工学院研究的丰田汽车精益生产或精益思想的延续，麻省理工学院认为日本人并未将丰田汽车生产方式上升到理论高度，是麻省理工学院研究出的“精益思想”。我的研究起源于碓井诚“IT 经营论”，即人 + IT 驱动业务创新。但 2005 年我所在的用友幅驰信息咨询公司为几家零售企业提供管理咨询服务后，企业并未从战略、业务、IT 上进行有效变革与落地实施，于是我在反思，IT 经营咨询无法落地的原因是什么？后来才明白中国零售业与日本零售业的商业模式完全不同，日本零售业已经进入制造型零售业了，即以原创商品和服务开发为中心，只服务特定人群，而中国零售业还停留在采买商品的模式，以顾客喜好为中心采购无边际商品，虽然中国互联网、电商比日本发达，但仅仅是从实体渠道转移到电商渠道，商品本身的原创开发并没有重视起来。

中国零售业的信息化也极为薄弱，大多只是完成了进、销、存业务的单据电子化，或者只是重视快递外卖、会员营销端的新零售信息化，而对围绕原创商品开发的信息化极不重视。中国零售业本身的原创商品开发能力几乎是缺失的，这是由于中国零售业过去赚钱的方式比较容易，不需要原创商品开发，只要收供应商进场费、陈列费、促销费等各种费用也会活得很好。因此，对于 IT 信息化提升企业管理水平的战略不重视。这也导致了中国零售业 IT 服务商普遍过得不太好。其实不只是零售业，中国几乎所有行业的 IT 服务商日子都不是太好过，这也是中国并没有出现企业级 IT 服务巨头的原因。

国外有 IBM、HP、埃森哲、德勤、毕博、NEC、富士通等 IT 咨询及技术服务巨头，还有微软、SAP、Oracle 等基础设施软件商，原因是国外的大型企业基本是科技型企业，如沃尔玛、亚马逊等，背后是长期服务的管理咨询及 IT 服务公司。日本 7-ELEVEn 背后也是野村综研、NEC 等长期合作的管理咨询及 IT 专业服务公司，而不是阶段性项目合作模式。可喜的是，2019 年的乌镇产业互联网大会上，大家一致认为中国经济已经从过去面向个人的消费互联网转向了面向企业的产业互联网，企业数字化转型已经是企业必答题。如果企业自身的战略定位、组织变革、流程优化不到位，也是无法完成数字化转型的，或者说只是完成了营销端等局部数字化，无法完成商品端等整体数字化。

在明白中国零售业与日本零售业真正的差距后，我停下了 IT 经营咨询的业务，转而潜心研究制造型零售业的商业模式、战略定位、组织架构、管理架构等。我开启了寻找中国制造型零售业之旅，最终发现中国只有服装零售业、餐饮业和化妆品业才有成为制造型零售业的潜力，而超市业、便利店业普遍还是以采买模式为主。在管理咨询项目中，我发现中国零售业最大短板并非是 IT，而是管理体系，特别是团队 MD（Merchandising，商品销售规划）商品开发、督导运营、供应链等管理架构不完善，因而催生了我要研发一套以制造型零售业管理架构为原型的精益零售运营体系。

我在 2014 年成立上海碓胤咨询研究机构，目的在于推广碓井诚“IT 经营论”和我自己创立的精益零售运营体系，定位是一家从 0 到 1 的原创管理理论研究机构，而非从 1 到 100 的商业咨询公司，因为我要把所有的精力投入在管理理论与实践相结合的研究上，而不是花在带团队去赚更多的管理咨询费上。在中国，并不缺少我成为有钱人后对中国的消费贡献，但一定缺少我这样一个原创管理理论的研究和探索者。

为了研究精益零售思想不只适用于超市行业，也适用于服装业、餐饮业、专卖业等其他行业，我历时 20 年深入研究了服装业、餐饮业、专卖业等不同行业的企业管理模式。我在非超市行业做管理咨询的时间远远超过在便利店、超市行业的时间，尤其在服装行业的研究时间是最长的，因为 7-ELEVEn 的团队 MD 商品开发体系在日本优衣库、无印良品的活用经验值得中国服装零售、其他零售行业学习借鉴。而服装零售业才是真正的制造型零售业，可以说精益零售运营体系是围绕制造型零售业展开的。

精益零售转型的路径有两种，一是在传统实体零售业扎根多年的零售企业转型，二是在互联网电商行业扎根多年的零售业转型。前者擅长的是实体零售经营，如永辉超市，而后者擅长的是科技创新能力，如盒马鲜生，而日本 7-ELEVEn 恰是二者兼具，可谓是精益零售企业之王。永辉超市学习了 7-ELEVEn 的 OFC（Operation Field Counselor）督导运营思想，而盒马鲜生学习了 7-ELEVEn 的科技创新思想（盒马鲜生 CEO 侯毅于 2004 年在上海可的便利店担任物流总监时，碓井诚正为上海可的便利店提供管理咨询）。假以时日，二者都会转型为精益零售企业。

传统零售业虽然有多年的经验，但积累的并非以原创商品开发为核心的制造型零售经验，而新零售企业取消了供应商的进场费，开始关注原创商品的开发，已经在转型为制造型零售业的路上了。在以原创商品开发为标志的制造型零售业转型上，新零售企业与传统零售业在同一起跑线上。我在 2017 年给中石油昆仑好客便利店提供战略、业务与 IT 咨询时导入了 52 周 MD 协同商品计划，我在 2015 年邀请优衣库 MD 专家为热风鞋服导入 52 周 MD 计划。超市业的 MD 计划比服装业晚，则因为中国超市业是采购中介平台模式，而服装零售业是制造型零售模式。制订 52 周 MD 协同商品计划的真正目的是发现事物运行背后的规律，即便外界事物表面上是变化的，但本质上是不会变化的，也就是“江山易改”，顾客需求“本性难移”，分析顾客的历史消费数据只能发现过去已知的顾客需求，不能探索未知需求，只有掌握 52 周顾客生活行事历，掌握了顾客的消费习惯，不断地假设—验证，才能创造出顾客未来需求。精益生产核心思想是消除浪费、创造价值，而精益零售核心思想是应对变化、创造需求，从而能提前针对新需求开发匹配的新商品。

中国零售企业虽然打败了沃尔玛、家乐福等外资零售业，但并不能代表他们的零售经营管理能力超越了外资零售企业，而只能说明他们更加了解中国消费者的生活习惯，在商品开发上占了本地化的优势，如果让中国本土零售企业去美国、日本开店，就不一定是美国沃尔玛、日本伊藤洋华堂的对手了。另外，中国零售业也从未打败过成都伊藤洋华堂、7-ELEVEn、全家、罗森、优衣库、无印良品等制造型零售企业，而沃尔玛、家乐福属于中介平台型零售业而非制造型零售业。中国零售业走向世界去开店的重任，最有可能落在制造型零售企业上。

中国的新零售企业目前去美国、日本开店仍然没有优势，因为美国、日本的人工成本高、外卖成本高，新零售的外卖优势在美国、日本荡然无存，但新零售企业在美国、日本开店所用的 IT 系统可以复用中国总部的系统，中国 IT 人才的成本要低于美国、日本，新零售的 IT 技术优势就要远远大于美国、日本零售业。此外，新零售也要学习精益零售运营体系，真正转型为制造型零售业，依靠原创商品及服务开发而非 IT 技术形成差异化竞争优势。因此，精益零售理论正是为了中国未来零售业真正获得去美国、日本开店的竞争优势而研发，我也期待着中国零售企业去美国、日本开店，就像 Costco、7-ELEVEn 那样，而不只是像目前实体零售、互联网电商、新零售彼此间销售渠道转移的内斗。

日本工匠精神源自中国春秋时期的鲁班；丰田精益生产的创始人大野耐一学习的“君子豹变”出自《周易》；7-ELEVEn 的“假设—验证”思想出自胡适“大胆假设，小心求证”；质量管理之父戴明帮助日本建立的 PDCA 计划管理体系，跟《礼记 · 中庸》中提到“凡事豫（预）则立，不豫（预）则废”的意思相近。中国古文化蕴含了丰富的人生哲学与智慧，中国零售业也不必照搬国外零售模式，而精益零售为中国零售业的发展提供了很好的理论支持。

中国很少有原创管理理论，美国却有大量原创管理理论，涌现出泰勒、德鲁克、戴明等管理大师，而日本也有大野耐一、野中郁次郎、大前研一等管理大师，这与美国、日本较早进入工业社会有关，而中国改革开放至今才 40 多年。目前，精益零售正在创造性地学习如何中西结合，博采众长形成中国原创的管理理论，并且仍在持续改进之中！

2020 年 1 月 16 日

目录

第三章　精益零售案例研究：打破行业的边界

后记

第一章

精益零售理论：以 7-ELEVEn 为原型

日本 7-ELEVEn 有 2 万多家门店，97% 为加盟店，180 多个外包专属工厂，150 多个外包物流配送中心，与原料商、包材商、生产商等共同开发原创商品及服务，是典型的共享信息平台。7-ELEVEn 全球拥有逾 6 万家门店，排名全球第一，其服务 GMV 交易额超过商品销售额（约 5 万亿日元），将近 70% 的商品销售额为原创自有品牌商品，可谓是制造型零售服务业。日本 7-ELEVEn 库存周转率 42 次 / 年，缺货率为十万分之七，7-ELEVEn 平均日销售额约 66 万日元 / 店，日本罗森约为 54 万日元 / 店，日本全家约为 52 万日元 / 店（2013 年数据）。日本所有其他便利店的利润总和都不及 7-ELEVEn。2016 年日本 7-ELEVEn 营业额为 512 亿元人民币，总部 8562 人，净利润 88 亿元，人均利润与阿里巴巴相当。日本 7-ELEVEn 在 1991 年收购破产的美国 7-ELEVEn 后重建成功，日本 7-ELEVEn 也是在全球化进程中为数不多取得成功的企业之一，因此把 7-ELEVEn 制造型零售模式称为精益零售。

扫一扫，听微课

为什么中国没有自己的 7-ELEVEn

精益零售起源：从精益生产到精益零售

1985 年，美国麻省理工学院研究全球的制造业，发现丰田汽车制造效率全球最高，将丰田汽车生产方式定名为“精益生产”，并于 1991 年出版了《改变世界的机器》、1996 年出版了《精益思想》，讲述了源自丰田汽车的精益思想。还有很多企业在学习丰田精益思想后，都研发出了卓越运营管理体系。

那么，对于全球零售行业来说，有没有一家运营效率最高的企业可以归为精益零售并被广泛学习参考呢？在研究过亚马逊、沃尔玛、家乐福、伊藤洋华堂、永旺、7-ELEVEn 等全球零售巨头后，我发现只有日本 7-ELEVEn 的运营效率最高，可以定名为精益零售，并且它也正被其他零售企业广泛学习借鉴。但是中国没有一家企业学会了 7-ELEVEn 经营模式，显然我们不能直接照搬 7-ELEVEn 经营模式。如何从 7-ELEVEn 实践中提炼出精益零售理论并且延展为一套运营管理体系便成为一项十分重要的研究课题。

1973 年，日本伊藤洋华堂加盟了美国 7-ELEVEn，成立了日本

7-ELEVEn 公司，每年需向美国 7-ELEVEn 缴纳营业额千分之六的加盟费。美国 7-ELEVEn 在 20 世纪 80 年代末期多元化经营房地产、加油站等业务，经营严重亏损，在卖掉夏威夷 7-ELEVEn 数十家门店给日本 7-ELEVEn 后仍无法偿还巨额债务，不得不在 1991 年申请破产保护，并将美国 7-ELEVEn73% 的股份卖给了日本 7-ELEVEn, 上演了一出“儿子”收购“老子”的神话。日本 7-ELEVEn 在 1991 年对美国 7-ELEVEn 进行了业务改革重建，只用了几年时间就使其具有很强的盈利能力。

包括崇光 & 西武百货、伊藤洋华堂、丹尼斯餐饮、优衣库、无印良品等在内的日本零售业、餐饮业都在学习 7-ELEVEn 的经营哲学，20 世纪 90 年代，沃尔玛和宝洁专程赴日本学习丰田汽车的精益管理与 7-ELEVEn 的团队 MD 商品开发理念。1998 年，优衣库业绩严重下滑，他们从伊藤忠商事挖来了负责与 7-ELEVEn 联合开发商品的泽田贵司担任副社长。泽田贵司说服优衣库社长柳井正导入 7-ELEVEn 的团队 MD 商品开发体系，并邀请其好友管理咨询专家玉塚元一加入优衣库，后来玉塚成了优衣库社长。优衣库还聘请原来在日本 7-ELEVEn 担任高管的大久保恒夫为优衣库导入 7-ELEVEn 的 OFC（Operation Field Counselor）督导运营管理体系，启动了优衣库历史上最有名的 ABC（All Better Change）经营改革。优衣库在 1998 年前还只是一家服装零售商，负责代销服装生产厂家的货，卖不完的货还可以退回厂家，到 2002 年时，所有商品完全开发成自有品牌，优衣库彻底转型为制造型零售业。

无印良品在 2002 年时经营亏损赤字达 38 亿日元，聘请大久保恒夫导入 7-ELEVEn 的 OFC 督导运营体系改革后，从此踏上了腾飞之路。后来，玉塚从优衣库离开，加入日本罗森便利店担任社长；泽田贵司离开优衣库后，加入日本全家便利店担任社长。而曾为优衣库、无印良品提供管理咨询的大久保恒夫结束了独立创业的咨询公司，又重新回到日本7-ELEVEn担任食品开发部经理，之后升任为7-ELEVEn母公司7&I集团的董事。优衣库、无印良品与7-ELEVEn、罗森、全家一样都是制造型零售业，彼此之间具有共同的经营哲学与运营逻辑，日本零售业也整体转型为制造型零售业。

精益零售是以制造型零售业为原型展开研究的，而中国真正的制造型零售业主要集中在原创商品设计开发的服装直营零售业，而非服装代理批发业或采购批发型的超市业。服装直营零售业离消费者最近，很容易发现顾客的潜在需求，从而调整商品开发的企划与设计，满足顾客的需求。而服装代理批发业由于层层代理模式，服装品牌商的顾客其实是各个代理商，产品开发设计也是满足代理商的价格诉求而非最终消费者的价值诉求。久而久之，服装品牌商离消费者越来越远，就会出现服装品牌老化的现象。其实并非服装品牌真的老化了，而是没有及时应对变化抓住顾客的消费需求，随着原有顾客的年龄增加，服装品牌的顾客群也渐渐老龄化，却无法吸引住新的年轻群体，因为批发型服装品牌已经并不了解新时代年轻人的消费心理了。

为了研究优衣库是如何借鉴7-ELEVEn商品开发与运营体系的，我于2015年邀请了日本优衣库的MD专家西村健一、VMD陈列专家内田文雄参与了我所负责的上海热风鞋服的咨询项目。当时我主要为热风鞋服提供IT经营方面的管理咨询，热风选择了与优衣库对标，需要了解优衣库的MD商品运营流程，我也因此了解到优衣库的52周MD商品计划与7-ELEVEn如出一辙。优衣库需要在企划每一季服装商品前建立对未来上架销售及陈列的假设，数据颗粒度要求做到每一季每一家店每一个货架摆放SKU的商品数量、类型及预估销售额，等到真正上架销售时再验证当初的假设与实际偏差，从而及时采取促销活动来调节计划与实际的差异。这对 MD 商品计划人员的要求是很高的，而中国传统批发代理型的服装业基本上都没有 MD 商品计划部门。这也让我看到中国零售业除了电商因为人口红利而兴起外，实体零售业无论是百货、超市还是服装、餐饮、化妆品专卖等都与日本存在不小的差距。日本的 52 周 MD 商品计划在 40 年前就开始了，而中国的商品计划大多是以月为单位而不是以周为单位进行的。热风鞋服也正是受优衣库启发而确立了以 MD 业务为支撑的公司战略发展方向 。

曾让我无比好奇的是，为什么日本那么早就建立了 MD 商品计划的概念？后来才知道，美国人戴明博士发明的 PDCA（计划、执行、检查、反馈）在美国没有被重视，结果却被日本人视如珍宝，戴明在日本布道、授业，期间也给丰田汽车导入 PDCA 管理体系，丰田汽车创始人丰田喜一郎说：“没有一天我不想戴明博士对丰田的意义，戴明是我们管理的核心，日本欠他很多。”日本为了纪念戴明对日本的贡献，设立了戴明质量奖，成为日本最高质量奖。而中国曾经在 20 世纪 80 年代也引进过戴明的 PDCA 质量管理，很可惜并没有推广开来。中国人大多认为计划不如变化，信奉的是美国管理大师德鲁克的目标管理。戴明一直抨击德鲁克的目标管理与绩效考核，他认为过程管理比目标管理更重要，尤其是绩效考核遏制了员工的创新力，导致员工都只是为了目标绩效指标而工作，而德鲁克也表示目标管理与过程管理并不冲突，既要进行目标管理也要进行过程管理，而且他也反对员工机械地为了绩效主义而失去创新能力。

在探究日本 7-ELEVEn 为何成为日本零售之王的过程中，我也发现日本 7-ELEVEn 创始人铃木敏文曾在 20 世纪 80 年代末邀请丰田汽车 TPS 生产方式的创始人大野耐一为 7-ELEVEn 导入了丰田的 JIT 即时化供应链咨询，后来铃木敏文创立了自己的管理思想——“单品管理”。丰田汽车对 7-ELEVEn 的影响较大，于是我又对丰田汽车的管理展开了研究。丰田汽车的三大支柱是“自働化[①]”“JIT 即时化”“改善”，后来美国丹纳赫集团学习丰田汽车的“改善”后，又加入自己人才培养与绩效等元素，研发出丹纳赫 DBS 经营体系，其每收购一家公司便导入 DBS 经营体系，至今已经收购了 400 多家公司，被收购的公司导入 DBS 经营体系后业绩实现成倍增长，最终丹纳赫成长为世界 500 强。

中国传统零售业大多认为 7-ELEVEn 在中国不太成功，所以不屑于学习 7-ELEVEn，反倒是互联网巨头阿里巴巴对 7-ELEVEn 经营模式进行深入研究，并推出新零售，逼得传统零售业也不得不开始向新零售看齐。其实 7-ELEVEn 在中国也并不能说不成功，只不过是因为发展全直营模式对于人才的培养要求较高，加上门店人员流动性较大，导致扩张速度缓慢，7-ELEVEn 在日本是以加盟为主的模式。7-ELEVEn 以及罗森、全家便利店在中国发展了 20 多年，也没有发展出数千家门店的规模，这并不能说明他们经营无能，反倒说明鲜食便利店行业因为需要建设鲜食工厂与冷链物流，经营成本高昂且投资回报率周期漫长，是所有零售业中最难经营的行业，过高的人员流动性使得他们的运营体系成熟化更加艰难。

日本便利店在中国经营的最大挑战在于日本人习惯吃冷食，可中国人习惯吃热食。日本饭团从工厂到物流车再到门店货架会一直控制在 20℃，顾客可以直接购买即食不用加热，而中国人必须经微波炉加热后再吃，在便利店二次加热后的便当、饭团就失去了原有的鲜度。中国是一个美食国家，比起日本的餐饮文化更为丰富，便利店的餐饮难以满足大多数人的口味，因而日本便利店在中国的经营并不像日本那样顺利。其实，中国本土便利店不应该学习日本便利店的商品结构，去开发饭团、三明治等西式餐

① “自働化”区别于“自动化”，突出强调设备或系统拥有人的“智慧”。

饮，而应该多开发中国本地特色小吃，借鉴 7-ELEVEn 运营体系内核来经营中国本地餐饮小吃，就会诞生符合中国国情的鲜食便利店。

虽然中国的零售业跑马圈地发展速度很快，但大多数都牺牲了企业内部的管理。零售业、电商业也会出现大而不强的现象，即便盈利能力强的互联网电商也并非依靠商品差价获利，而是通过中介交易平台或金融服务、物流配送等其他收入获利。最终结局是中国消费者虽然买到了价格便宜的商品，品质却难以保证，也得不到良好的服务，因而，中国消费者的满意度与幸福度相比日本、欧美国家来说要相差很远。

精益零售并不只是参照了 7-ELEVEn 的经营模式，我历时 5 年多研究了优衣库、无印良品等制造型零售模式，以及丰田汽车 TPS 丰田生产方式、丹纳赫构建 DBS 经营体系、华为构建管理架构与管理体系的经验。同时，也融合了我 20 年为超市业、服装业、餐饮业、专卖业等不同零售业态企业提供战略、业务与 IT 管理咨询后总结的零售业痛点及解决方案。

在互联网商业模式创新大行其道之时，传统的经典管理咨询仍然没有过时。精益零售就是传统的管理咨询体系，掌握正确界定问题、分析问题原因、解决问题的方法，而不是照搬 7-ELEVEn、优衣库、无印良品的经营模式。事实上，大多学习模仿丰田汽车、丹纳赫、7-ELEVEn、优衣库、无印良品、Zara 等标杆企业的成功者寥寥，因为他们只是针对这些标杆企业进行形式上的模仿，并未触及根本。而那些掌握了分析问题、解决问题的方法并时时反省、付诸行动的企业，取得成功的概率更大。

在我所服务的超市业、服装业、餐饮业、专卖业等企业管理咨询案例中，都并未照搬 7-ELEVEn、优衣库、无印良品的经营模式，而是先对这些企业进行现状调研并做分析诊断，找出各部门反映的问题，分析问题背后的逻辑关系，找到产生这些问题的真正原因，从而帮助企业进行新的商业模式转型与战略定位，进而进行组织变革与流程及 IT 经营改革。在完成这些管理咨询任务后，发现这些企业的改善效果极为明显，这才是真正的精益零售改革带来的效果。

制造业、零售业、服务业最终都会回归管理的竞争，而管理的本质就是提高组织协同运营效率。精益零售最本质的目的是提升组织协同运营与信息共享效率，因而精益零售同样适用于任何零售细分业态，也适用于电商、实体店等任何零售渠道模式。正是因为 20 年来我专注研究制造型零售业的战略与业务模式、商品开发与供应链的组织变革及业务流程优化，最终才将精益零售上升到理论高度，并总结出精益零售管理模型。

精益零售管理模型如下图所示：

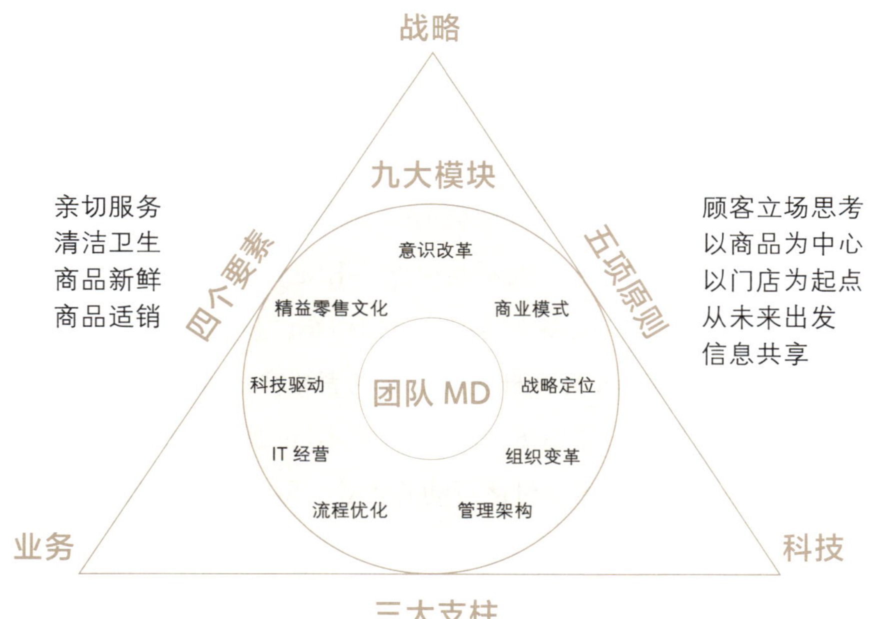

精益零售三大支柱：零售经营的哲学思想

在了解精益零售的三大支柱之前，先了解一下精益生产丰田汽车的三大支柱:“自働化”“JIT 即时化”“改善”。

“自働化”源自丰田汽车的前身——丰田纺织公司的创始人丰田佐吉。他看到母亲纺织纱线时，如果纱线断掉却未能及时发现的话，织出来的布就会有品质问题，于是丰田佐吉发明了半自动化的纺织机，当有纱线断掉后机器会自动停下来，直到有人将断掉的纱线重新接起来，再由人工重新开启纺纱机，这样就有效地避免了织布品质问题。这一思想一直沿用到丰田汽车。丰田汽车的创始人丰田喜一郎是丰田佐吉的儿子，他早期在美国学习福特汽车的生产工艺与原理，回到日本创立丰田汽车时引入了福特汽车的自动化生产线设备，但发现生产的零部件只能事后进行品质检验，于是，丰田喜一郎研究发明了半自动化的生产线设备，原理像半自动纺织机一样，当生产线上的零部件出现瑕疵时，半自动化设备会报警并停下来，直到工人将有问题的产品排除后才能重新启动操作。丰田汽车将这种有人工干预的半自动化称为“自働化”。正是因为品质在生产过程中就得以保证，所以丰田汽车的品质过硬，而福特汽车、通用汽车等全自动化生产线，由于品质检验只能在生产完成之后进行，难免会出现人工漏检或检查不严的现象，影响车辆品质。

关于“JIT 即时化”的来历可以追溯至丰田汽车 TPS 生产方式创立者大野耐一。他听说美国的超市在顾客取货后，再由员工在货架上补货，便将这种被顾客拉动式的补货方式借鉴到丰田汽车。当时，丰田汽车的生产方式是先采购好原料再生产成零部件，最后组装成汽车进行销售。有了美国超市的补货灵感后，大野耐一对丰田汽车的生产方式进行了变革，即按顾客订单进行拉动式生产，当有顾客下了汽车订单后，汽车装配线才开始装配汽车，并下指令给零部件生产工厂开始生产零部件，整个过程几乎是无库存状态，因而称为 JIT 即时化生产方式。这种生产方式要求生产车间能够快速换模，丰田汽车的快速换模技术从最开始的几个小时逐渐进化到只需要几分钟的时间，这样大大提高了生产效率。大野耐一还想出了后道工序去前道工序提取零件的方法，将以往的推进式系统进行了 180 度的大转弯，改为牵引式系统。为了明确后道工序应提取什么以及提取多少零部件，设置了提取看板，只要零部件用完了，就将它取下并去前道工序领取。同样，在前道工序设置了生产指令看板，零部件被提取完毕后就取下该看板, 这样, 只要生产被取下的部分就行了。这就是准时化生产的基本形态。但大野耐一最终还是把 JIT 即时化的功劳记在了丰田喜一郎身上，他说丰田社长要求的生产车间就是零库存状态，这样可以有效避免生产出顾客不需要的汽车与零部件，造成不必要的浪费。

“改善”是来自美国人戴明博士为丰田汽车提供的质量管理咨询。他为丰田汽车导入了 PDCA 品质管理循环，认为企业真正的智慧是藏在普通员工的大脑里，需要员工激发大脑的潜力，持续改进优化工作流程。PDCA 本身就是一个持续改善的过程，《精益思想》中的第五个原则就是将“改善”总结为尽善尽美。

大野耐一的同事今井正明后来开了一家全球改善咨询公司，主要为欧美企业提供改善管理咨询，因其广泛的影响力而被称为“改善”之父。美国丹纳赫公司在 1985 年邀请丰田汽车出身的老师为其下属的一个工厂提供“改善”管理咨询，由于效果显著而推广到其他工厂及公司总部，后来丹纳赫又加入了人才培养、绩效管理，与“改善”中的计划与流程管理合并在一起组成了丹纳赫 DBS 经营体系，简称为 4P（People 人员、Plan 计划、Process 流程、Performance 绩效），并收购了一家 IT 软件公司作为企业内部 ERP 等系统服务公司。后来丹纳赫前后共收购了 400 多家公司，对被收购的企业都导入 DBS 经营体系，丹纳赫也被认为是全球著名的精益企业。

鉴于精益生产的三大支柱威力巨大，如何总结出精益零售的三大支柱就至关重要了，经过对 7-ELEVEn 深入研究，我总结出 7-ELEVEn 的三大支柱：“单品管理”“假设—验证”“数据经营”。这三大支柱也是被伊藤洋华堂、优衣库、无印良品等众多日本零售业学习最为频繁的知识内容，由于精益零售主要以 7-ELEVEn 为原型，故将 7-ELEVEn 的三大支柱等同于精益零售的三大支柱。

单品管理

所谓单品管理，即从消费者日常生活出发，站在顾客立场思考，成为顾客购买代理，掌握每件商品销售动向，弄清畅滞销原因，开发具有生活提案价值的商品与服务并精准订货。单品管理的核心是精简与信息共享。

单品管理的思想是铃木敏文创立的。美国 7-ELEVEn 并不将单品管理翻译为“Unit by Unit Control”，而是直接音译为“Tanpin Kanri”，这是该词的日语发音。单品管理也是 7-ELEVEn 最重要的经营哲学。

《大野耐一现场管理》中提到“把必要的产品，必要的数量，在必要的时间生产出来”，这就是单品管理的前身。20 世纪 80 年代末，大野耐一晚年给 7-ELEVEn 做过精益生产的咨询，“JIT 即时化”思想也是从那时导入 7-ELEVEn 的，单品管理继承了“JIT 即时化”思想，即在合适的门店、合适的时间只摆放合适数量的商品。在千店千面的时代，单品管理更能体现门店对顾客服务的个性化、精细化。

单品管理最核心的思想是要时刻关注每一个单品的销售动向，分析出畅滞销的原因，从而提出对商品开发与门店订货的改善方案。由于零售业商品繁多，如果要管理到每一个单品的销售动向势必会花费很多的时间，所以 7-ELEVEn 要求门店的所有员工都要掌握单品管理的订货方法。在订货前要分析重点单品在前几周的销售动向，并预测出未来的来客数，以及重点单品可能销售的数量，以此为假设进行订货，商品上架销售时再验证之前的假设是否正确，等到下次订货时再修正之前犯的错

误，久而久之，门店的订货精度就会大大提高。另外，为了防止加盟商不敢多订货而造成门店缺货的现象，7-ELEVEn 对盒饭鲜食承诺按一定比例报废损失，鼓励加盟店多订货。门店也正是在不断的假设—验证中洞察顾客的需求，进而挖掘出顾客未来的潜在需求。

7-ELEVEn 认为最大的损失并不是卖不完的商品积压库存造成的损失，而是因为缺货造成的机会损失。在卖方市场时代，顾客缺货时会考虑购买其他替代商品，但如果在竞争激烈的买方市场时代，若一家门店缺货三次以上，顾客就会离开转向其他竞争对手，所以，7-ELEVEn 认为缺货并不只是少卖了几件商品的经济损失，最大的风险是因为缺货造成顾客满意度降低，导致顾客流失。7-ELEVEn 发明的单品管理方法就是为了提高订货精度，同时在 IT 信息系统上的投资毫不吝啬，门店非常方便地依赖强大的 IT 系统情报支持进行精准订货。7-ELEVEn 公布的缺货率为十万分之七，全球没有任何一家零售业能有这样的效率。欧美零售业每年因为缺货造成的损失无法估量，而 7-ELEVEn 因为极低的缺货率，才使其单店日销售额达到 65 万日元，而同行全家与罗森仅 52 万日元。

对于总部的商品部、运营部来说，同样要掌握单品管理的方法，对每一个单品都要掌握其在全国销售动向，是否是从消费者日常生活出发开发的具有生活提案价值的商品，还要弄清楚商品在全国哪些地方卖得好，为什么卖得好？在哪些门店卖得不好，为什么卖得不好？是因为门店没有宣传到位造成的门店销售不好，还是因为商品本身不符合顾客的喜好？找到背后的原因，进行商品改良或淘汰替换。

单品管理的核心是精简与信息共享。对于精简来说，门店并非摆放的商品越多越好，而是要在恰当的时间摆放适当的商品。就像一个人吃饱饭时，对于再美味的食物也没有食欲。7-ELEVEn 会根据 52 周顾客行事历，摸清全国各地不同地域的消费文化与特点，制订 52 周商品开发计划与销售计划, 以确保每周重点销售的商品都是当地应季商品。对于早、中、晚等不同时段也会重点推销不同的商品，如早间时段会重点推销三明治、牛奶等早餐食品，中午时段会扩大盒饭陈列面，下班时段则会推销半成品菜，方便顾客回家加热即食。总之，每家门店都采用单品管理的方法修正门店的商品结构是否合理，每天是否能抓住重点提升商品的销售额。

信息共享指的是总部与门店之间是否建立畅通的信息沟通渠道，商品部是否及时宣传每一个新品的销售特点。督导就像新闻解说员一样，为防止门店不好好学习总部下发的新商品通知信息，督导要每周到门店两次, 每次两个小时, 对门店进行新商品的推荐, 鼓励门店针对新品订货。在商品销售后，要及时回收顾客的反馈意见，督导再将顾客与店员的意思反馈给总部，商品部再进行商品的总结与持续改良优化。

单品管理与品类管理有何区别呢？品类管理（Category Management）最早起源于美国食品杂货业，后来在沃尔玛超市发扬光大，品类管理也是 ECR（Effective Customer Response）高效消费者响应的核心，ECR 是 1992 年从美国食品杂货业发展起来的一种供应链管理策略。品类管理的基本流程为八个步骤：品类定义、品类角色、品类评估、品类评分、品类策略、品类战术、品类实施、品类回顾。

中国的品类管理主要是由沃尔玛与宝洁联合进行推广的，早期的确有很好的效果，但后来由于不同品牌商都会站在各自的利益上，品类管理的执行出现了偏差，导致各品牌商联合零售商以推广自己的商品为主，而并不是真正站在顾客的立场上进行品类规划。而零售商也要看不同品牌商支付的进场费多少及销售返点的高低来决定重点推广哪个品牌商的商品。

品类管理是单品管理的前提条件，7-ELEVEn 在执行单品管理前首先要确保总部和门店具有合理的商品构成，即品类的宽度与深度一定要满足顾客的需求，在合理的品类结构下再去研究单品管理才有意义。总部商品结构、地域商品结构以及门店的商品结构都不相同，在千店千面的时代下，每个门店要有独立的商品结构，以满足不同地域的消费需求，品类管理就显得更为重要了。

假设—验证

所谓假设—验证，即以顾客为起点，从未来出发，对顾客消费习惯进行假设，通过销售结果验证正确与否。假设—验证与 PDCA 不同，前者强调对未来预测可以及时应对变化，后者强调经验主义容易形成思想僵化。

大野耐一自小熟读中国古典名著，他在丰田汽车推动精益生产改革时提出的“君子豹变”就出自中国的《周易》，意思是君子会像豹子一样闻风而动，顺从王命，响应改革。 大野耐一还提到的“过则勿惮改”出自《论语·学而》，即意识到错误只要迅速改正即可，不要一意孤行。日本人热爱中国文化并活用到现在，不能不说是对我们的一个鞭笞，我们还有什么理由不好好学习自己的传统文化呢？

铃木敏文与大野耐一在他们出版的书籍中提到过，朝令夕改在过去是一个贬义词，指的是早上发出的指令晚上就又更改了，这对别人来说不是一件好事，但在一个瞬息万变的时代，如果早上发布的错误指令能够立即改善，也未必不是一件好事，及时纠正错误要比碍于面子不改正错误好得多。

假设—验证可以说是 7-ELEVEn 最重要的企业文化，其重要性等同于丰田汽车的“改善”文化。7-ELEVEn 假设—验证不仅仅用于商品开发与门店订货中，还用于公司其他部门的工作业务中，包括 IT 系统建设、HR 人力资源建设以及财务部门建设等。总之，公司所有人都要掌握假设—验证的方法论。

例如，商品部在开发一个新商品前会假设这个新商品在哪些城市进行销售，在什么时间上架、下架，如何陈列，卖给什么样的顾客群，以什么样的价格卖，销售期间能卖多少，这些都要事先建立出假设性的方案，等真正到门店上架销售后，观察商品的销售动向是否与原先的假设相吻合。如果是吻合的，那说明这个商品开发比较成功，如果不吻合，销量过高或过低，就要进行与假设的目标之间的差距分析，由于之前有非常明确的假设，所以这样的差距分析是很好做的。如果先前不建立假设，事后如果销售得好就会认为运气比较好，如果销售得不好则会埋怨天气问题等外部因素，而不去剖析商品本身的问题。

假设—验证与戴明的 PDCA 有何不同呢？PDCA 是在做之前会有明确的目标或计划，如年度目标分解、商品开发计划、销售计划等，但制订这些计划往往是根据历史数据的分析，基于过去数据发展的动向，从其延长线的角度思考的，有点像炒股用的 K 线图。如果过去几年的业绩在增长，那么会认为明年的业绩也会增长，反之，则会调低明年的目标或计划。由于外部的变化因素并不是连续性的，这样的计划制订后与实际发生的结果会有较大偏差，也容易使制订计划的人陷入经验主义。而假设—验证中的假设行为，是通过对历史数据分析后，建立对未来的预测，这样的预测不一定是连续性的，要根据突发因素和外部环境的变化而变化，在这种情形下，经验主义并不一定正确，需要及时应对外界的变化。

例如，7-ELEVEn 门店在订货时要分析前几周的销售动向，以及未来几天门店周边环境的动态因素。比如位于学校附近的门店，未来几天正好有运动会，那么就需要订购与运动会相关的有可能增加销量的商品，这样建立的假设就会使订货比较准确。再如有的门店位于展会附近，如果未来几天有大型展会的话，那么一定要多订盒饭，防止断货。这样的案例在 7-ELEVEn 比比皆是，门店一定要掌握假设—验证的方法实现科学订货，而不只是简单地根据历史销售数据做一个订货计划。

假设—验证活用得好的话，就可以应对外界的不确定性因素。7-ELEVEn 的门店及总部人员天天都在说假设—验证，当外界有一些突发性的变化时，7-ELEVEn 可以根据那些前兆及时做出判断，所以 7-ELEVEn 认为零售业不只是要发现顾客的显性需求，更要挖掘出顾客的潜在需求。而假设—验证就是最好的挖掘顾客潜在需求从而随时应对变化的工具。

优衣库、无印良品等零售业纷纷导入假设—验证文化，在他们的行动计划中随处可见假设—验证的字眼，以及日常的会议中也经常提到假设—验证。后来，逐渐在整个日本零售业扩散，使假设—验证在零售业的活用与“改善”在制造业的活用具有同等地位。

在碓胤咨询所服务的客户中，无论是超市业、服装业、化妆品业还是餐饮服务业，他们都开始建立假设—验证的思维习惯，由此带来了显著的收益。他们改变了过去从始至终的工作方式，执行任务前都先建立假设，等到执行后再验证当初的假设是否正确，从而修改调整建立下一次新的假设，久而久之，便掌握了一种如何建立正确假设的能力，这种能力使商品开发人员、督导销售人员、门店店员等都能精准地预测顾客的需求，减少因为需求不明确开发新品失败的风险，同时门店订货也变得十分精准。

同样的道理，IT 信息部门、HR 人力资源部门、财务部门等管理支持部门都改变原来的工作思维模式与习惯，也开始建立假设—验证的工作思维习惯。因为事先有了假设，事后验证时才能找到经营差距，如果没有事先的假设，那么就无法进行差距分析，甚至犯错后都不知道错在哪里，有了假设—验证，也使工作变得更加生动有意义。

数据经营

数据即业务，围绕假设—验证型 52 周协同商品供应计划，建立面向业务过程、全价值链数字化经营体系，数据经营 = 人 + 数据活用，强调人的知识创造与 IT 技术、DT 数据的融合后形成信息共享。

数据经营与当前流行的数字化运营有何不同呢？数字化运营是用数据驱动业务，从产品研发、消费者洞察、大数据营销到供应链优化、智

慧物流等外围对企业进行数据工具赋能，体现的仍然是数据工具本身，而数据经营更加强调企业内部人的重要性，要把人的知识创造力与数据结合起来，二者的区别相当于 IT 自働化与 IT 自动化的区别。

要有效实现数据经营，就必须先梳理出企业的价值链、商业模式和战略定位，然后围绕 52 周协同商品供应计划展开构建数字化经营体系。不同的商业战略会决定不同的数据经营战略，如果零售业追求的是中介平台模式与渠道营销创新，那数据经营主要是围绕会员用户来展开的，对 CRM 等会员系统的活用就会比较重视，关注消费者的喜好；如果零售业追求的是制造型零售模式，看重的是原创商品的开发，那它的数据经营主要是围绕商品运营而展开，这时候要密切关注单品的销售动向，观察所开发的商品是被哪些人群买走的，后续还能怎么升级做得更好，这时候会员系统只是用来验证商品的适用人群，而不是围绕会员的喜好提供自己并不擅长的商品。

从日本、中国及欧美国家的情况来看，数据经营有非常明显的差异。日本 7-ELEVEn 等零售企业的会员系统并不发达，建设的时间也比较晚，一方面是日本对用户的隐私保护得比较好，不会轻易将用户的信息录入会员系统；另一方面是日本零售业已经转型为制造型零售业，主要精力在商品的开发研究上，而不在用户关系营销上，而这些原创的商品开发往往是有固定的消费人群的，并不能满足所有年龄段的顾客。日本主流的会员营销方式仍然是采用报刊内附广告宣传单页的方式，这样的广告效果比发送手机短信或数字媒体营销好得多。如果新商品销售不佳的话，日本零售业往往将责任归于商品部的开发人员，而不是归于门店销售人员。日本零售业对会员营销不是那么看重，他们认为好商品才是活广告，

"酒香不怕巷子深"，只要商品开发好了，顾客自然会蜂拥而至，这样就倒逼商品部努力开发优质且价格不贵的商品。因此，日本零售业升任社长（总经理）的往往是商品部负责人而不是销售部负责人。

对欧美国家的零售业来说，他们对会员用户的洞察比日本人重视得多。英国 Tesco 乐购超市甚至成立了一家单独运营的 CRM 会员数据营销公司 Dunhunby，据说曾通过一个少女的购物数据分析发现这个少女怀孕了，于是给她邮寄怀孕期间需要吃的食物促销优惠券，被少女父亲投诉，但事实结果是这个少女真的怀孕了。沃尔玛的"啤酒与尿布"的故事也很有代表性，沃尔玛对会员数据分析发现，很多买了尿布的人会购买啤酒，经过调查才知道，有很多父亲购买尿不湿时顺便再给自己买些啤酒，于是沃尔玛便制订了尿不湿与啤酒的组合套餐促销，使销量大增。2014 年，Tesco 乐购将中国大陆地区的业务"卖身"给华润万家，在华十年苦心耕耘宣告失败。此后 Tesco 一路丢失城池，先后撤离美国、韩国、日本等市场，税前利润从 40 亿英镑直降到 1.45 亿英镑。在这样的背景下，Tesco 在最近几年一直大力"瘦身"，雇员人数在 5 年间减少了 4 万人左右。所以说，对用户会员数据的洞察并不是零售业经营的核心竞争力，反倒日本 7-ELEVEn 营业 40 多年来从未出现亏损，基业长青的秘密就在于对原创商品及服务的开发。

对中国零售业来说，由于中国会员用户隐私的法律保护并不像日本、欧美国家那么严格，因此对会员用户的营销手段比起欧美国家来说就有过之而无不及了。无论是线下实体零售业还是线上电商零售业，都把会员营销当成企业经营的根本，抢夺用户流量就变得无比重要。因此，经常可以看到，如果用户在某个购物网站搜索过某件商品，那么电脑就会

经常弹出这个商品的促销广告，哪怕是这个用户已经购买过此商品。这不能不引起顾客的反感，但商家却认为，系统的人工智能算法就应该是这样的，宁可错杀一千已购买者，不可漏过一个未购买者。

中国与欧美国家零售业的关注点在用户会员数据经营，而日本零售业的关注点在商品的数据经营上。日本零售业的优衣库、无印良品门店内的导购并不推销商品，而中国服装店内的导购都是推销员，可以看出中国与日本零售业的差异还是比较大的。

综上所述，精益零售的三大支柱与丰田汽车精益生产的三大支柱有相似之处，“单品管理”对应的是“JIT 即时化”，“数据经营”对应的是“自働化”，“假设—验证”对应的是“改善”。零售业与制造业不能分家，制造型零售业也得以产生并在日本发扬光大。

门店管理四个要素：培养独立经营的商人店长

门店管理的四个要素取自 7-ELEVEn 的四项基本原则：亲切服务、清洁卫生、商品新鲜、商品齐全。在精益零售中将商品齐全修改为商品适销，目的在于提醒门店并非备货越多越齐全就好，而是只备当下该备的货，即适合销售的货，简称商品适销。

7-ELEVEn 创始人铃木敏文说，7-ELEVEn 的成功取决于重要的两点，一是应对变化，二是贯彻基本。应对变化指的是随时能发现顾客的潜在需求及其变化，并满足顾客的需求，贯彻基本指的就是彻底贯彻四项基本原则，零售业没有什么可以投机取巧的，就是要将最基本的原则执行彻底即可。

大多数零售业比较擅长的是亲切服务与清洁卫生，在商品新鲜与商品适销方面比较薄弱，而精益零售是围绕商品运营展开的，更加注重商品新鲜与商品适销的研究。

亲切服务

亲切服务：热情待客，制造有活力的卖场氛围，让顾客宾至如归。

对待顾客像对待自己的亲朋好友一样，不机械地喊“欢迎光临”，不追在顾客后面过度地推销商品。导购做好商品顾问，为顾客介绍商品的知识。时刻站在顾客的立场思考，成为顾客的购买代理，让顾客可以平静祥和地购物休闲，而不是有紧迫感地购物。

根据季节变化营造门店卖场的氛围，让顾客时常觉得门店有新意。从消费心理学来说，顾客往往会给自己的消费找一个冠冕堂皇的理由，而节假日、纪念日、心情好的日子都会触发顾客的购物动机。营造的卖场氛围可以通过悬挂节日促销海报、新商品推荐单页等信息告知顾客。

7-ELEVEn 除了约定俗成的固定节日外，通常会制造一些节日来展开营销，如海鲜上市节、新茶上市节等，促销节日也基本上是围绕 52 周顾客行事历展开，这样就能抓住大、小节日，最大化激发顾客的购买欲望。世界上本来没有那么多节日，那就人为地制造一些节日吧，阿里巴巴制造的双 11 节，不仅仅是电商狂欢的盛宴，也是全国实体零售业的节日，满足了顾客对节日消费的需求。

清洁卫生

清洁卫生：保持门店内外干净卫生，商品陈列整齐，员工穿戴整洁。

清洁卫生并非要将门店装修得多么豪华，而是时刻保持店内干净、整洁。就像人的穿戴一样，并非一定要穿名牌才能彰显个人的气质，而是要保持衣服的干净、整洁。7-ELEVEn 对清洁卫生的重视不只是在门店内，对于门店外的卫生也会进行打扫。

有很多中国零售从业者去日本参观学习，大多也只是在门店参观学习，看看人家的服务礼仪、现场清洁卫生以及商品陈列布局等，但对总部后台的商品运营管理及督导运营管理却知之甚少，一般日本零售业也不太愿意对外宣传总部后台管理的 Know-how（属商业机密，但无专利保护，具有无形资产性质的技术诀窍、专业知识）。

家乐福、沃尔玛进入中国时，门店装修十分漂亮，地面清洁卫生，吸引大量的顾客前来购物。现在的零售业也大多知道要将门店装修干净，地面保持整洁，有的零售门店每过几年就会重新装修一下，往往重新装修后就能大大提升业绩。在以前卖方市场下，零售业不太注重环境，如果有零售业用心提升购物环境，则顾客会被吸引而来。

但现在已经进入买方市场，大多数零售业的装修、环境卫生都做得相当好了，环境卫生与亲切服务就不是顾客前来购物的决定性因素了，取而代之的是商品新鲜度与商品适销度。

商品新鲜

商品新鲜：商品快进快出，货架上陈列最新鲜的、应季的商品。

零售业的进化史也是顾客需求的进化史。随着市场竞争的充分展开，消费者的需求也变得更加挑剔，过去卖方市场情况下，顾客对价格比较敏感，但进入买方市场后，顾客对价值更加在乎。换句话说，消费升级下，顾客更加关注的是商品品质与商品的时尚度与新鲜度。

不管是超市业还是服装零售业，顾客喜新厌旧的心理越来越强烈，商品的生命周期已经越来越短，商品上架的时间也越来越早，季节交替时的商品替换的时间点的把握也变得越来越重要。过去服装业往往不太重视商品的上架与下架的时间，商品延迟上市后就会损失大量的销售机会，而商品到了该下架时间却因为库存积压没有及时下架，则又占用了下一季新品的上市陈列面积。

一般说来，对于延迟上市的商品错过新品上市季后，顾客就会去别的商家购买。而对于换季商品，顾客觉得季节都要过了也不会再买了，就会出现过季商品无论如何降价也不会有激增的销量，这就是顾客消费心理学。

商品新鲜还表现在商品的品质上。在消费升级时代，商品品质尤为重要。7-ELEVEn 为了确保商品品质，采用的原料比为其代工的供应商自身品牌商品所用的原料还要好。另外，由于日本社会进入一个高度专业分工的时代，生产商、批发商、零售商、物流商、IT 服务商彼此高效协同与信息共享，也使商品的品质能被专业度更高的生产厂家生产。

对零售业的区域督导来说，大多数的督导去门店检查工作时，主要还是检查门店店员的服务态度、门店环境卫生及商品陈列情况，而对门店的商品结构是否合理，门店是否缺货或滞销品积压的情况了解不多，指导得也不多。因此，精益零售重点研究了门店商品新鲜与商品齐全度的运营管理。

商品适销

商品适销：商品结构丰富，千店千面，不缺货、不积压滞销商品。

由于每一家门店所处的地域不同，消费者的消费习惯也不同，因而门店所对应的商品结构也不同。门店的商品结构会随着年、季、月、周、日等不同的时间段而不同，甚至早、中、晚不同时段的商品组合与陈列位置也都不相同。这就需要总部商品开发人员、地域商品开发人员、门店店长通过历史数据分析及对当地风土人情习俗的了解而进行商品的及时更新与汰换。

这也就可以解释为什么全球零售业巨头大多只是在自己的国家比较强势，而进入别的国家后大多会出现水土不服的现象。中国零售业也呈现区域为王的现象，大多数区域型的零售超市、餐饮店都只能在本地进行扩张，一旦跨省或跨东、南、西、北等大区后就难以适应不同地域的消费文化。

商品适销并非指商品越多越好，而是在某一个特定的时间段内开发适当的商品，在门店陈列满足特定时间段的商品，即精简。最好是能以

周为单位，建立 52 周的商品开发计划与销售计划，对于门店来说，每一周都有主推的商品，每一周都有新商品上市，每一周也都有旧商品淘汰，这样就形成了像自来水的机制一样，千万要防止大水漫灌到门店，然后滞销品经过大力打折促销后像开闸泄洪一样处理。

7-ELEVEn 每周会开发出 100 个新商品推荐到门店，这 100 个新商品是面向全国发售的，门店可以自主选择是否销售。由于 7-ELEVEn 新品开发的成功率比较高，所以门店基本上都会选择符合当地销售习惯的新商品，也就是说，落实到各店经营的话，并不会全部订购总部推荐的商品。同时，7-ELEVEn 对门店订货人员的要求也非常高。由于商品周转快，所以全年累计的商品总数并不少，7-ELEVEn 年初到年尾商品汰换率为 70%，而中国零售业商品汰换率大概只有 30%~40%。所以商品齐全与商品精简并不是背道而驰，而是互为补充。

7-ELEVEn 早期是由加盟店主订货，后来由于加盟店主经营时间长了就有点自以为是了，再加上 7-ELEVEn 的 GOT 订货系统功能强大，加盟店主没有在订货上花费过多的时间。于是铃木敏文对一这现象进行了变革，他要求门店订货权交给兼职的大学生。起初加盟店主都极力反对，认为订货是门店的生命线，怎么能将如此重要的任务交给工作时间并不长的兼职人员呢？

后来 7-ELEVEn 找了一些加盟店进行了试点改革，结果出人意料。7-ELEVEn 首先组织那些兼职的大学生进行订货技巧的培训，无非也就是如何掌握单品管理、假设—验证、数据经营这三大支柱的方法。这些大学生们的工作积极性也大大加强，原来他们只能从事收银、上货、整理货架、打扫卫生等工作，现在可以订货了，他们在每一次订货前都要假设第二天的天气、节假日等因素，等货上架销售时再验证当初的假设是否正确，并分析订货精确与否的原因。每天不断地假设—验证，持续改善，最终订货越来越精准，甚至比加盟店长的订货精度要高多了。

有的订货人员休假时还会打电话给门店询问之前他订的货销量如何。如此关心订货效果的心态是经营多年的加盟店主所没有的。这些订货人员由于能做到分担订货，即有人负责订购鲜食类日配商品，有人负责订购非日配商品，有人负责订购报刊等杂货商品，这样每个人所负责的商品要远远小于原先加盟店主一个人所负责的门店全部 2500~3000 个单品的订货量，何况兼职的大学生订货效率会更高。这些兼职的订货人员甚至有时会进行假设—验证的比赛，即看看谁订的货精度最高，如果有谁订的货不多不少刚好够卖的话他就可以赢得比赛，这些店员们在这种愉悦的心情下带来工作活力，从而能更好地执行亲切服务与清洁卫生这两项基本原则。

优衣库创始人柳井正曾说过:“这么多年来我最后悔的事情，就是将店长作为最高经营者，其实应该要将店员作为最高经营者，因为只有店员才离顾客最近，只有店员更加了解顾客的喜好。”柳井正的这番话恰恰就是铃木敏文提倡的要让兼职大学生成为最高经营者进行订货的意思。

而优衣库早期也让门店进行订货，但由于服装商品必须提前半年开始做采购、生产计划，当生产完毕入库并在门店上架销售后，门店店长大多只想订购门店畅销商品，这样势必造成总部仓库好卖的货被抢空，而滞销品却无人订货。由于培养门店精准订货的能力太难，优衣库不得不改为总部主动为门店配货，门店失去了订货的权力，在供不应求的卖方市场时代，反倒是一种高效的供应链补货机制。但在竞争极为激烈的

买方市场，优衣库不得不再次修改订货的方式，改为总部 MD 商品部配货为主，但门店店长可以提出修改订货的意见，近期又加入了店员的修改订货意见。

如今，日本零售业已经从过去强总部弱门店，以总部主导门店补货的方式，修改为以门店为主导的订货方式了，而中国零售业大多数目前仍然是以总部主导门店补货的方式，这一方面说明了中国零售业竞争还不激烈，另一方面说明了中国零售业门店流动性很大，好不容易培养出来的优秀的店长又跳槽离职了，使零售业也失去了对门店培养的耐心。

但事实上，以门店为主的订货方式的竞争力要远远大于以总部为主的铺货方式，因为门店是离顾客最近的人，是对顾客日常的信息反馈最为熟悉的人。

扫一扫，听微课

为什么说精益零售运营体系也
是信息化、数字化转型方法论

精益零售五项原则：
颠覆零售业的思维方式

顾客立场思考

站在顾客的立场思考，而不是替顾客着想；成为顾客的购买代理，而不是供应商的销售代理。

零售业商品部要开发什么样的商品，门店要选择什么样的商品，都需要站在顾客的立场思考。日本 7-ELEVEn 在 1974 年最初开设的几家门店中陈列的，都是在伊藤洋华堂中销售排名靠前的商品，比如拖把、扫帚等，但结果销量并不好，顾客还是习惯去伊藤洋华堂、永旺等大卖场购买。后来 7-ELEVEn 将这些滞销商品下架，通过单品分析畅销商品的特征，重新进行商品组合，选择鲜食等便利性的商品，才大受顾客欢迎。7-ELEVEn 由此开始展开了与大卖场超市差异化竞争的经营战略，将自己定位于新鲜、便利、服务业，而不是与大卖场超市比拼价格，7-ELEVEn 的商品价格一般比大卖场要贵。

日本 7-ELEVEn 早期物流送货的方式是供应商直接配送到门店，供应商基本上以箱为单位给门店送货，最小订货单位是 1 箱。以牛奶、啤酒为例，如果 1 箱牛奶或啤酒要好几天才能卖完的话，就会造成货品不新鲜。后来，铃木敏文要求供应商必须接受可以按盒、瓶等最小单位订货，这样门店就可以真正实现单品管理了，也就可以按顾客真实的消费需求精确到个位去订货了，这样就确保了商品的新鲜度。这都是站在顾客立场思考的表现。

再比如，日本一年中最重要的节日是新年元旦节，该节日的重要性等同于中国的农历春节。在元旦节期间，有些生产供应商如面包供应商要停业放假，可是铃木敏文却认为，如果站在顾客的立场思考的话，顾客是希望全年无休的，因而他说服了供应商，确保新年元旦期间也能将新鲜的面包配送到门店，获得了顾客的信赖度。

站在顾客的立场思考与为顾客着想不同的是，站在顾客立场相当于顾客的购买代理，而为顾客着想相当于供应商的销售代理。举个例子，父母如果把子女当成顾客，为了顾客着想的话，是不希望子女打游戏、追明星以荒废学业，而站在顾客立场思考的话，子女当然希望能打游戏、追明星等。

中国零售业目前大多是供应商的销售代理，而不是顾客的购买代理，供应商的商品要进入零售店内销售的话，往往要交进场费等各种类目的费用，或者是与零售商联营代销的模式，零售商获得一定的销售返点，卖不完的货可以退回给供应商，这样零售商并没有太大的经营压力。在卖方市场时代，得渠道者得天下，零售商门店渠道为王，具有极大的商品议价权，供应商只能被动地遵循零售商的收费规则。但这样的商品组合往往是站在供应商的立场或零售商自己的立场展开的，并不是围绕顾客的真实需求展开。在卖方市场时，顾客没有其他选择只能前往购物，但在买方市场时代，电商及其他购物渠道越来越多，顾客就很容易抛弃原来的购物渠道，选择价格更低更方便的购物渠道。

零售商如果收取供应商进场费的话，零售商希望引进的供应商品牌越多越好，但商品如果不是顾客受欢迎的商品，因为收了进场费不能及时地下架，则会影响顾客满意度。另外，如果同一品类供应商品牌过多的话，也不利于顾客的选择。零售商的商品在保证商品结构齐全的情况下应该要精简，便于顾客选择方便，如果保留必要的商品，就必须站在顾客的立场思考，成为顾客的购买代理才能做正确的选品策略。

站在顾客的立场思考对公司内部的各个部门同样适用。大多数公司的部门间协作并不通畅，如果各个部门都把其他部门当作自己的顾客，站在别的部门立场进行思考的话，则会大大方便部门之间的组织协同与信息共享。例如，业务部门抱怨 IT 系统部门建设的 IT 系统不好用，原因是 IT 系统部门并未站在业务部门的立场思考构筑 IT 系统；业务部门抱怨人力资源部与财务部门太官僚，人才招聘与财务报销流程烦琐、规定太多，原因是人力资源部门与财务部门并不精通业务部门的业务，即并未站在业务部门的立场进行思考。为了解决业务部门与 IT、人力资源及财务部门之间的组织隔阂，华为采取的对策是让所有管理支持部门都要为业务部门服务，IT、人力资源及财务部门都要站在业务部门的立场思考，做好管理支持。阿里巴巴也将人力资源部门下设到各个业务单元里，相当于阿里的“政委”，人力资源经常会跟业务部门开会讨论问题，因此，人力资源极为了解业务部门的人才需求与人才培养计划。

站在顾客的立场，如果更深入一步研究的话，不只是把直接业务流程接口的部门当成顾客，还应该要了解顾客的业务流程。举例来说，IT 信息部门的顾客是业务部门，而业务部门的顾客是真正购买商品的消费者及生产商品的供应商，所以 IT 信息部门也得研究消费者的购买行为及供应商的生产供应流程，才能够从全价值链业务活动中了解各个组织之间的业务关系，从而建设优秀的 IT 系统。

大多数零售业的业务部门与物流中心之间存在着矛盾，因为彼此之间都是站在自己的立场思考的。业务部门希望物流中心能准时交货到门店，不管任何时候，不管起订量是多少，也不管物流成本是否最优化，希望物流中心应该保持订单交货率为 100%。但物流中心也会站在自己的立场思考，他们一定会从物流配送成本最优出发，如果门店的订货要求比较过分，或者门店订货的起订量不够，导致物流配送成本过高的话，物流中心是不会答应门店要求的，一般物流中心都会根据自己的固定排班与配送路线为门店配货，很少有例外能响应门店的紧急订单的。

日本 7-ELEVEn 物流中心的缺货率为十万分之七，门店与物流中心加起来的库存周转率是 42 次 / 年，这样的高效是因为将物流中心外包。物流中心将门店看成是自己的顾客，站在顾客的立场思考如何满足顾客订单交货率，而不是单从配送成本出发考虑。由于 7-ELEVEn 采取的是密集开店战略，门店间的距离非常短，所以物流成本也并不高。

组织部门中的顾客是可以相互转化的，即在某个时间段或某个任务时，一个部门是另一个部门的顾客，但在另一个时间段或另一个任务时，后者又是前者的顾客。比如，业务部门在财务报销时，业务部门是财务部门的顾客；但财务部门在制订年度财务预算时，财务部门又是业务部门的顾客了，这时业务部门要及时将年度战略规划与销售目标告知财务部门，与财务部门共同制订年度销售费用及财务预算。再如，商品部与销售部之间往往会存在较大的矛盾，当公司业绩比较好的时候，销售部门认为是销售的作用，而当公司业绩不好的时候，销售部门会怪罪商品部开发的商品不好卖，这时候就要互相将对方视为自己的顾客，站在顾客的立场思考，当初商品部在开发新商品征求销售部门意见时，销售部门的参与度是否足够；当销售部门在推销商品时，商品部关于商品的卖点是否及时地传递给销售部门等。组织部门之间需要经常针对不同的任务、不同的问题进行组织协同及信息共享，多站在顾客立场思考，就可以解决很多问题。

以商品为中心

根据企业擅长的商品定位吸引相应的消费人群，以商品为中心展开商品全生命周期管理。

每个企业主在创业时都会利用自己最擅长的基因，在企业规模越来越大时，遗传基因的影响就更为明显了。创业者在创业时，有擅长开店选址的，有擅长销售运营的，有擅长商品采购与开发的，也有少数是互联网或 IT 出身的，他们所创办的企业在长大后都会呈现出创始人的基因。例如，创始人擅长开店选址的企业往往选址最佳，但商品运营力可能不行；创始人擅长销售的企业往往营销最佳或商业模式创新能力最佳，但商品运营力可能不行；创始人擅长商品采购与开发的企业商品运营力很强，但可能不擅长市场营销；互联网或 IT 出身的创始人擅长 IT 技术的创新，可能业务运营力不强。

大多数企业往往是一只狮子带领一群羊，很少有互补性联合创始团队共存，保持企业各方面发展均衡，这或许与中国传统文化中个人英雄主义息息相关。因而，企业在发展过程中会遇到非常明显的瓶颈，可以说企业发展的瓶颈就是创始人的认知局限，创始人的认知如果不是很广阔，就会影响到企业的发展。这也是广大的专业管理咨询公司存在的意义，可以弥补企业创始人的认知局限。

过去，零售业提倡的是以顾客为中心，视顾客为上帝，只要顾客有需求，就尽可能地引进顾客想要的一切商品，这也是 CRM（客户关系管理）会员系统比较盛行的原因。由于零售业的顾客群体很大，零散的顾客需求并不能真正反映大多数顾客的心声。如果所有的零售业完全围绕顾客的需求出发满足顾客所有的需求，就会带来商品同质化的竞争。

以商品为中心的目的是让企业创始人根据自己的专长进行公司战略定位与商品定位，只经营自己擅长的商品品类，并服务于特定的顾客群体，这样使企业可以聚焦经营。不要试图对顾客都“一网打尽”，只需服务好围绕自身商品定位的顾客群体，站在顾客的立场思考，成为这些固定顾客群体的购买代理。这样可以培养忠诚的顾客会员，即便出现大量的同行竞争者，也不用太担心，因为差异化竞争最好的武器就是商品开发的差异化，确保自己的商品是独一无二的。

这与多、快、好、省的互联网电商的定位是完全相反的，事实上，互联网电商自营的商品品类并不多，大多数是以招商的形式提供交易平台，给商家销售自己不擅长的品类，虽然这样会增加顾客消费的频次，但同样也会影响顾客购物的体验，而且会遇到其他电商平台的同质化竞争。

乔布斯当年开发第一代 iPhone 手机时，无法调研顾客喜欢什么样的手机，乔布斯凭借自己天才的想象对传统手机进行了技术与外形的颠覆，当第一代 iPhone 面世后立即引起轰动。如果零售业都有乔布斯这样的产品思维，聚焦在自己擅长的商品经营上，也一样能开发出让顾客惊喜尖叫的商品。

从华为与联想的对比中，也可以看出差异，联想坚持电脑、房地产、投资等多元化战略，华为坚持只做通信行业，不做房地产与投资，一直埋头研发自己的芯片与操作系统，才成就了今日令美国害怕的商业巨头。华为的战略首先是以通信商品为中心，其次才是围绕自己擅长的通信领域顾客群为中心，聚焦主业发挥出自己的专业优势。

7-ELEVEn、优衣库、无印良品的商品开发理念都是以商品为中心，从消费者的日常生活出发，那么怎么做才能保证开发的商品与顾客的日常生活相贴切，答案是观察顾客的日常生活。无印良品的设计师甚至在部分忠实粉丝家里要待上好些天，观察顾客的生活起居中的不便与生活诉求，寻找商品开发的灵感。因为他们要开发出好卖的商品，而不是设计师认为好看的商品，而好卖的商品就是要让顾客真正喜欢的商品。有时候顾客也不知道自己到底喜欢什么样的商品，市场调研是无法问出顾客喜欢的商品是什么样子的，只有商品开发人员经常分析销售数据，经常下门店观察顾客的购买行为，才能领会出顾客想要的商品具有什么样的特征，只有这样，当新商品摆在货架上销售时，顾客就会发出惊叹:“这就是我想要的商品！”

围绕顾客制订 52 周商品开发计划已经是日本零售业主流的商品开发模式，如何应对顾客喜新厌旧的消费心理变化，围绕顾客的生活习惯，开发出顾客喜闻乐见的商品，就变得至关重要。

值得一提的是，北京 7-ELEVEn 至今仍然没有会员系统，日本 7-ELEVEn 在 2000 年后才上了会员积分系统，我问碓井诚老师，为什么日本 7-ELEVEn 那么晚才上会员系统，而中国早在 20 世纪 90 年代就已经上会员系统了。他说，他在日本 7-ELEVEn 工作 25 年了，只有两件事是听老板铃木敏文的，一件事是 IT 部门从伊藤洋华堂母公司独立出来，另一件事就是会员积分系统，他认为分析顾客消费行为并非要依赖于会员系统，而是要对每个商品销售动向、畅滞销情况进行分析再反过来调研顾客购买的原因，他称之为给商品按摩。

而我们中国零售业却醉心于会员系统研究以及会员消费心理研究，却不把精力放在商品本身的开发研究上。而且日本隐私保护很好，顾客不愿意办理会员卡，也不愿意用移动支付，害怕暴露隐私，而中国零售业尤其是互联网业是不考虑顾客隐私的，而且中国人的自我保护心理也不强，这也是为什么会员营销在中国大行其道，这也使得支付宝、微信支付飞速发展。

我后来也终于明白了 7-ELEVEn 为什么不上会员系统，因为他们执行的是站在顾客立场思考成为顾客的购买代理，7-ELEVEn 的店员本身就是顾客，甚至比顾客更熟悉顾客要购买什么，所以他们当然不需要会员系统，而我们中国零售业对顾客研究太少，而且门店也大多是执行层，不怎么去研究顾客喜好，总是站在自己的立场思考，成为供应商的销售代理，所以总部只能依赖于会员系统分析顾客的消费心理。

以门店为起点

以门店为经营起点，建立未来52周商品销售规划假设，培养门店独立经营能力，从基层选拔人才。

商品部在做52周商品销售规划时，首先要考虑到不同类型的门店经营特点，在商品企划阶段就要建立一系列的假设。例如：新商品将在哪些门店销售？如何陈列？以什么样的价格销售？将举行什么样的促销活动？什么时候上架？什么时候下架？销售期间能卖出多少？金额多少？等到真正商品开发结束并上架陈列销售后验证一下当初的假设是否正确，这样的假设—验证行为就是以门店为起点。

过去惯常的做法是以总部为起点，零售商扮演供应商销售代理，供应商给什么货就卖什么货，最多是由供应商提供多个商品选择，零售商进行严格挑选，对于定价也是以供应商的进货价加上自己的经营毛利作为零售价，并没有从市场角度研究顾客可以接受的价格是多少，反推应该要选择什么样成本的商品进价。这样做的后果就是无法应对消费者的变化而被竞争对手超越。

以总部为起点和以门店为起点代表了两种完全不同的经营模式，前者站在自己的立场思考，后者站在顾客的立场思考。门店作为顾客的购买代理人，他们最了解顾客的消费需求，如果能以门店为起点建立假设进行商品开发，就能知道销售结果与假设之间的差距，从而可以及时调整经营策略，等到建立下一次商品开发的假设时，就能够逐渐修正之前犯的错误。

以门店为起点，还可以培养门店基层员工的独立经营能力，培养大量的基层人才。门店店长相当于一家小公司的总经理，麻雀虽小五脏俱全，从人才招聘与培训、现场安全与卫生管理、商品陈列与销售、订货与商品运营等，其中最重要的业务运营工作就是精准订货，只有精准订货才能保证实现商品新鲜与商品适销这两个重要因素。优秀的店长晋升为督导后，也会很容易再调往总部担当重任，7-ELEVEn 总部的员工不管是业务部门还是 IT、人事、财务等管理支持部门，大多来自门店一线员工，很少有空降外招的。因为，只有在门店一线待过的人最了解公司的业务运营情况，才能在总部为门店做好管理支持服务工作。

值得一提的是，日本 7-ELEVEn 在其官网上公布的组织架构居然是倒立起来的，一般我们看到的组织架构都是总经理在最上面，之后依次是各个部门的总监、各个部门的经理。而 7-ELEVEn 最上面的一层是门店、各个地区运营负责人，下一层是商品部、运营部、开店部、人事部、财务部等，最下面一层就是社长、会长。从这个组织架构就可以看出，7-ELEVEn 的社长、会长及各个职能部门是为门店服务而不是发号施令的，也说明了 7-ELEVEn 是以门店为经营起点、为经营原点的。

战国时期，韩非在《韩非子 · 显学》中有一句话：“宰相必起于州郡，猛将必发于卒伍”，意思是说宰相一定从基层州部兴起，猛将一定从基层卒伍发端。华为任正非也说过：“让一线呼唤炮火！”

中国、美国零售业采取的策略大多是以总部为起点，即强总部，弱门店的策略。由于门店一线员工流动性较大，而且应聘员工大多学历不太高，从一线实战中拼杀上来的总部经营管理人员往往相信自己的经验，而不太听取一线门店的声音，具体表现在总部对门店的商品自动化补货以及总部的相关政策执行上。然而，总部管理层的经验已经是过去的经验，不能适应顾客消费需求的变化。

总部代替门店补货等经营行为的弊端在于让门店失去了独立经营能力，一旦门店业绩不好就会归因于总部配送的商品不是顾客想要的商品。有些零售商认为门店能力比较弱，不太会精准订货，就实施了AI人工智能补货，虽然考虑到了天气、节假日、促销等外部因素，但AI人工智能仍然很难预估未来几天销量而进行精准补货。尤其是鲜食便利店中的鲜食，销售周期并不长，而AI人工智能需要一段时间的机器学习，往往会出现AI人工智能已经学习到商品销售的动向规律，但由于商品已经到了该下架的时间而不得不下架，这时AI人工智能补货就变得毫无用处。日本7-ELEVEn对于鲜食商品不会采用自动补货的AI人工智能系统，他们认为门店的现场经验更加重要，只要掌握了单品管理、假设—验证的方法就能精准订货。

AI人工智能最大的破坏性，就是导致门店一线人员丧失商品运营能力，门店人员退化为只会做销售，不会进行商品结构的优化与精准订货，因为订货这个行为表面上是为了门店商品不断货，其实最根本的影响是门店店员通过订货时的假设就可以逐渐摸清顾客的消费喜好，等到销售验证后就可以及时修正下一次的订货假设了。

从未来出发

以终为始，从未来时刻出发走向现在，按照未来目标时间倒推当下应该完成的任务，排除一切障碍。

当下的工作任务不是由过去决定的，而是由未来决定的。大多数企业员工的工作都是按部就班地执行过去制订的任务目标，一旦在规定的时间内无法完成的话就会往后顺延，延迟的原因除了自身事务繁忙外，大多是因为需要其他部门协同配合才能完成的工作得不到其他部门及时配合而延误。

这样，原来制订的工作计划往往无法在规定的时间内完成。例如，原本规划好的商品上市时间，因为前期在某些环节的延误而推迟，原本规划好的商品下市的时间，因为前期商品销售不理想不得不清理库存而延迟销售周期，这样必将导致其他规划好的新品上市时间也被推迟，或者是新品与过季商品并存给顾客造成不好的印象。

以终为始，从未来时出发走向现在，就是先确定好一个任务必须完成的截止时间，倒推为了完成这个任务的每一个工作节点的时间，为了完成这些工作节点，各个部门及公司外部的协同组织应该要完成哪些工作。排除一切障碍，在规定的时间内完成，这样使每个人都是为了未来而工作，而不是为了过去而工作。

从过去走向现在，会让人容易被过去的经验所蒙蔽。从未来出发的观点深入人心后，就会重新审视过去的经验做法是否妥当，并思考未来的事物是否有重构、创新的可能性，就像马云说过的，阿里巴巴是因为相信才会看见，而不是因为看见才会相信。

铃木敏文最初在伊藤洋华堂担任人事部部长。由于伊藤洋华堂每到一个城市开店，都会让当地许多小店的生意受到牵连，这些小店联合起来向政府投诉伊藤洋华堂破坏了当地的生意平衡，导致小店生意十分萧条。伊藤洋华堂安排铃木敏文处理这些小店经营者的投诉。铃木敏文远赴美国考察，寻找应对之策，正巧他看到美国开了大量的 7-ELEVEn，而这些便利店与当地的大卖场超市却能十分和谐地相融共生，于是他思考日本是否也可以引进这些便利店，让那些小店加盟到 7-ELEVEn 后，就可以与伊藤洋华堂相融共生了。铃木敏文不为过去传统大店胜过小店的经验所束缚，转而从未来出发思考小店与大店也可以相融共生，从而将美国 7-ELEVEn 成功引入日本。

优衣库创始人柳井正的做法也是先设定好未来长期、短期的目标，然后倒推当前应该展开的战略部署。优衣库的商品开发人员在新品开发时就要提前考虑好这些新品在哪些渠道（实体店、电商）售卖，在什么类型的门店（旗舰店、大型店、小型店）销售，卖给什么样的消费人群（社区店、繁华街区），什么时间上架，什么时间下架，如何陈列，大概能销售的金额或数量。当商品上市销售后就可以验证当初假设的商品开发与实际销售的差距，从而可以快速明确地找到有问题的商品，在下一季商品开发时进行调整修正。

信息共享

生产、供应、销售等全价值链活动从接力赛交棒式组织转向团队协作的组织，彼此信息共享。

企业在发展过程中，往往在规模比较小的时候效率是最高的，创始人本人能身兼多职，而各个部门的负责人也能以一敌十，并且各个部门之间的沟通成本由于彼此都是共同打江山的元老而比较低。但随着公司规模越来越大，企业对每个职能部门的专业性要求越来越高，部门之间的分工也会越来越细，随着新人的不断加入，部门之间的协作变得越来越差，流程也越来越长，部门之间要做到组织协同与信息共享就几乎很难了。

日本公司与美国公司的组织协作关系完全不同，而大多数中国公司是向美国公司学习的。在美国，公司与公司之间的合作像 4×100 米接力赛中交棒式合作，每家公司负责完成价值链中的一个环节后，交给下一个环节，如零售商向供应商生产厂家采购商品，生产商会下原料单给原料供应商，生产完毕后交给零售商。而在日本，公司与公司之间的合作是紧密协作的，即零售商的商品开发人员会全程参与商品企划、生产过程及原料商的备货计划，使原料商、生产商、批发商、零售商组成一个团队协同小组，大家彼此信息共享，共同告知商品在价值链中传递的时间节点及所需要其他部门支援的信息。

为什么中国面向个人的消费互联网很发达，而面向企业的产业互联网比较落后，最根本的原因在于 B to C 电商涉及的价值链比较短，而 B to B 产业互联网涉及的价值链比较长，企业之间的组织协同与信息共享比较困难。要打通产业链上各个利益相关者的组织协同，并非构建一套产业协作的 IT 系统即可，而是彼此利益的切割与沟通交流的协作机制。

阿里巴巴收购了石基、富基融通、百胜等 ERP 软件商，并提出了商业操作系统的概念，要为广大的制造商、零售商赋能 IT 系统，意味着阿里巴巴将要转型为一家 IT 服务公司，这可能会填补中国缺乏 IT 服务巨头的空白，但阿里巴巴也会遇到与 IBM、埃森哲、SAP、Oracle 等 IT 服务软件公司同样的问题，就是企业自身的管理体系缺乏的问题。由于中国企业大多是靠资本或国家政策、企业规模、商业模式创新成长起来的，对管理的研究非常缺乏，而 IT 系统最害怕的就是企业的管理体系薄弱，这样，再好的 IT 系统也只是一个工具。阿里巴巴也只是从外围上提供 IT 技术支持，无法解决企业自身的管理问题，而企业最大的管理问题就是组织协同与信息共享。只有做到了人的知识创新能力与 IT 系统结合的 IT 自働化而非 IT 自动化，企业的运营效率才会最大化。

企业内部 ERP 实施的难度，远远超过了针对个人的消费互联网。大多数企业的 ERP 只是被当成一个工具，很少有像日本 7-ELEVEn 那样把 ERP 当成生产力可以创造价值的情报系统，在中国也只有华为等少数企业意识到 IT 的重要性。

可以说，信息共享的频次与密度是零售业制胜的法宝，7-ELEVEn 之所以成为零售之王，就在于其高密度的信息共享会议及与员工的直接沟通。7-ELEVEn 制胜的三个关键要素中，与员工的信息共享就是第三个关键要素：密集开店；原创商品开发及与供应商协作的团队 MD 供应链；通过 OFC 督导运营体系建立起来与员工的直接沟通关系。

精益零售运营体系：战略、业务、科技协同

2005 年起，我跟随碓井诚老师为一些中国本土零售企业提供战略、业务与 IT 管理咨询，虽然我们交付的管理咨询报告获得客户验收通过，但最终管理咨询成果并没能落地执行，客户也并未学会 7-ELEVEn 的经营思想，并且也很难在企业中落地实施。这是因为 7-ELEVEn 有一个强大的运营体系在支撑，所有部门高度协同作战，并不仅仅只是 IT 信息部门发力，而且 7-ELEVEn 的运营体系也是经过了 30 多年的磨炼才形成的。

照搬 7-ELEVEn 的做法，显然不适合当前粗放管理的中国零售业，如果只研究精益零售的三大支柱、四个要素、五项原则也是远远不够的，还得延展出精益零售运营管理体系，类似于丹纳赫 DBS 经营体系、华为的管理体系，这个体系必须能指导零售业按照一定步骤变革，是真正可落地执行的方法论。因此，我将大量的时间花在零售业的商业模式、战略定位、组织变革、管理架构、流程优化上，并未将时间花在 IT 战略规划与 IT 系统实施上，最终形成了精益零售运营体系的理论框架。

为了验证精益零售思想不只适用于超市行业，而且可以适用于服装业、餐饮业、专卖业等其他行业，我又花费 5 年时间深入研究了优衣库、华为等其他行业的管理体系，并在服装业、餐饮业、专卖业等不同行业的企业进行管理咨询导入，可以说，我在非超市行业管理咨询的时间远远超过在便利店超市行业咨询的时间。

优衣库跟 7-ELEVEn 一样，都是典型的制造型零售业，其经营核心是 MD（Merchandising 商品销售规划）业务，是由原伊藤忠商事负责与 7-ELEVEn 联合开发商品的泽田贵司将 7-ELEVEn 的团队 MD 业务导入优衣库的，MD 业务的重点是制作 52 周商品计划。2014 年，我为罗莱生活提供管理咨询时，曾引进几名日本服装专家提供 MD 业务知识培训并实施了 MD 系统软件，但最终实施很难的原因在于 MD 业务颠覆的是传统的零售思维方式。2015 年，我在为热风鞋服提供管理咨询时，请了优衣库的 MD 及 VMD（视觉陈列）专家给热风培训 MD 业务知识，由于热风具有良好的零售基因，因而最终落地效果不错。后来，我在 2016 年给中赛童装、植物医生化妆品、味多美，在 2017 年给安徽同庆楼餐饮等企业提供咨询服务时，也为之导入了 MD 业务知识。

2018 年，我在为中石油昆仑好客便利店提供管理咨询时导入 52 周 MD 商品销售规划。可以说，中国超市业的 52 周商品计划比日本零售业要晚了 30 多年，而日本 7-ELEVEn 在 20 世纪 80 年代就已经开始实施。这说明中国零售业过去大多是中介平台型零售业，以收进场费、陈列费、销售返点作为主要盈利模式，而非真正以商品运营绩效来盈利。其中超市业的 MD 业务逻辑比服装业晚了 10 年，这是因为服装零售业的库存只能自行消化，因此要精于计算 MD 商品计划的准确性，而超市业的库存卖不完是可以退给供应商的，有的大卖场超市的导购甚至是生产厂家派遣的。餐饮业的 MD 业务逻辑比起超市业，也将会再晚 10 年，这是因为餐饮业的从业人员学历要整体低于服装、超市行业，管理基础也比服装、超市低很多，实施 MD 业务的难度也是最大的。

服装零售业可以说是真正的制造型零售业，而超市业转型制造型零售业的主要是鲜食便利店与生鲜超市，而非传统大型卖场超市。有自主研发的化妆品品牌，如植物医生化妆品也可以称为制造型零售业。这就是我对超市业、服装业、化妆品业、餐饮业等不同行业提供管理咨询后的研究心得。如果从制造型零售业的经营难度来排名的话，餐饮业 > 服装业 > 超市业 > 专卖业。而 7-ELEVEn 本质上是一家餐饮公司，北京 7-ELEVEn 的鲜食业绩占比达到 50% 以上。中国的餐饮上市公司并不多见，由此可知餐饮业的经营难度是最高的，因为人们对中餐的口味是最挑剔的，不同地区餐饮文化习惯不同，而且餐饮业的标准化也是最难做的，每个厨师的炒菜水平也不同，使餐饮企业很难跨区域进行全国性经营。

以 52 周商品计划与销售计划为核心的团队 MD 业务，还仅仅只是精益零售的基本功，精益零售最难的地方在于 IT 经营，即把 IT 当成核心业务去支援 MD 业务经营，而不是把 IT 当成技术工具去替代人的业务活动，最终实现人的知识创造 + IT 经营的 IT 自働化。大多数零售业、餐饮业现阶段还在弥补 MD 业务的短板，离 IT 经营的目标还很遥远，这就使得大多数零售业、餐饮业选择了 IT 自动化，希望能通过 AI 人工智能代替人的作用，但往往效果不太好，因为消费者的需求越来越多样，历史的消费数据并不代表顾客未来的潜在需求。

我在服装零售业的管理咨询研究时间最长。中国服装零售业是所有零售业中真正称得上制造型零售业的，我通过研究优衣库、无印良品等经营模式才逐渐总结出精益零售运营体系，同时也使精益零售运营体系更具有不限行业的普世价值。

服装零售业与服装批发业的区别很大，服装零售业从商品企划到设计、生产、物流、门店销售的价值链流程很长，而且是要全流程管控的。而服装批发业往往只是从商品企划到设计、生产、物流、代理商订货会就结束了，服装批发业不担心库存的风险，因为是按代理商订货会下单数量生产的，库存转嫁到服装代理商身上了，所以服装批发业的价值链流程比较短，服装批发业的模式比较简单，一旦服装代理商的库存销售不良就会传导到服装品牌商。服装直营零售业虽然管理复杂，但也容易建立管理竞争壁垒。在研究完服装零售业后再研究超市、餐饮、化妆品等零售业，就觉得它们的价值链要简单多了，因为它们大多是没有生产环节的，还谈不上制造型零售业。

研究 7-ELEVEn、优衣库、无印良品等制造型零售业可以发现制造商与零售商的组织协同效应；研究华为的管理体系也可以看出企业的管理架构与管理体系的重要性。一个企业要成长为具有超级竞争力的企业，不能只是某个部门局部最优，而应该所有核心业务、管理支持业务整体最优。而精益零售运营体系就是为了解决局部最优向整体最优进化的管理方法论，核心思想是为了实现战略、业务与科技的组织协同、信息共享。

精益零售运营体系九大模块展开图

第二章

精益零售运营体系：应对变化、创造需求

研发精益零售运营体系是为了更好地将碓井诚的“IT 经营论”落地实施，弥补中国零售业的战略与业务短板。过去中国企业赚钱比较容易，对企业管理与 IT 要求不高，随着人口红利的枯竭以及市场完全充分的竞争，信息化、数字化辅助企业管理驱动业务发展上升为企业的头号战略，而精益零售运营体系恰恰也是信息化、数字化转型的重要方法论。企业管理体系看不见、摸不着，但却是可以感知的，构建精益零售运营体系就像盖房子一样，需要有总设计师进行图纸设计，而精益零售的总架构师就像是盖房子的总设计师一样，从战略定位到组织架构、业务流程、IT 系统等进行精心设计，才能织出一张无形的但可感知的管理网络，这就是精益零售运营体系，核心思想是通过战略、业务、科技协同实现应对变化、创造需求的目的。

扫一扫，听微课

为什么外资零售业在
中国几乎全线溃败

Step1
意识改革：改变人的思维方式

意识改革是指对企业的传统思维观念进行改革。通常，企业在发展中会遇到瓶颈，且在不同阶段会遇到不同的问题。在企业规模小的时候急于业务扩张，重视的是销售营销业务，而企业规模扩大后，重视的就应该是管理了。阻碍企业发展的最大元凶就是传统思维认知的障碍，需要进行意识改革。这是整个精益零售运营体系的第一步，如果这一步能走得很成功，那后面其他的步骤相对来说就容易多了。一般企业的执行力都是比较强的，而最难改变的是人们过去惯有的思维定式。

企业发展的高度与规模取决于企业创始人或 CEO 的远见卓识与认知。每个企业主都会随着企业规模的扩大走入无人区进行独自探索，而能打破自己认知束缚的最好方法就是持续进行意识改革。要想进行意识改革，必须是自上而下的，首先是企业创始人或 CEO 必须对自己进行意识改革，要相信自己的企业永远都会存在问题或改进的空间，企业发展永远都没有达到理想中的目标，需要经常进行持续的改革或改善以应对瞬息万变的消费市场。没有一劳永逸的商业模式与公司战略，也不可能

通过取一个好名字的品牌定位或市场营销创新就可以取代企业内部的精益运营管理。时代在变化，企业也必须随之而变。

如果企业规模不大，企业创始人或总经理自认为能推动企业进行改革，可以亲自成立内部咨询办公室，但如果自己推动不了改革，或者没有掌握改革的方法论，那就需要借助外部的力量，寻找第三方管理咨询公司是比较省事的方法。“外来的和尚好念经”，即便咨询顾问的观点是企业高层都明白的道理，但如果借助第三方表达，效果就完全不一样。因为企业内部不同的部门之间总是存在这样或那样的隔阂，如果是由内部某个部门提出来的问题及解决方案往往不会被别的部门重视，而企业高层或创始人往往位居高位，脱离一线时间过久，对基层组织呈现的问题并不能及时发现，或者创始人大多是业务推动型而不是管理驱动型人才，自身对管理理论的研究并不多，所以也无法从科学管理的角度提出企业内部的改革，尤其是颠覆传统观念的意识改革。这需要创始人带头对自己进行思维意识的革命，方能突破原先的成功但却僵化的经验。

当今的零售业已经进入完全充分的竞争市场。过去是流量为王的时代，现在流量已经大大减少，从渠道为王变为产品为王，唯有做好产品，以商品为中心，吸引客流，而不是销售同质化商品去寻找顾客。要成为以商品为中心的精益零售企业，就必须让自己足够专业，只有专业化才能生存。

零售业最大的意识改革是要培养单品管理、假设—验证、数据经营的思维。只有掌握了单品管理、假设—验证、数据经营的方法，才能掌握应对变化与挖掘顾客潜在需求的能力。顾客的需求是多变的，只有在持续不断的假设—验证中才能发现顾客需求背后的本质。这样的意识并不只限于企业高层掌握，包括门店基层员工在内的企业全员都要掌握并熟悉运用。

零售业永远不变的就是变化。消费者的需求时刻在变，通过商品销售后的畅滞销分析发现顾客的显性需求为时已晚，而应该站在顾客的立场思考，成为顾客的购买代理，要比顾客提前一步挖掘出顾客的潜在需求，在商品研发阶段就要研发出受顾客欢迎的商品。提高新品开发成功率是最重要的绩效指标，这就要求商品开发人员时刻观察消费者的消费动向，而最好的消费者洞察工具就是单品管理、假设—验证与数据经营。不把历史数据当成顾客的需求，数据只是验证假设的正确与否，应该彻底地进行精益零售运营体系改革，以应对顾客需求的变化。

我在研究了伊藤洋华堂超市、7-ELEVEn、优衣库、无印良品等日本零售业经营管理后发现，他们在企业内部日常工作交流中，使用频率最高的词就是精益零售的三大支柱：单品管理、假设—验证、数据经营。无论是月度经营数据分析会议还是每周的周例会，他们都会先总结上个月、上周针对单品管理进行假设的内容，如销售目标的假设、商品开发的假设、门店订货与补货的假设、促销活动的假设、门店陈列的假设等，然后在会议上要通报上个月、上周实际的销售情况、商品开发、门店订货与补货、促销活动、门店陈列等实际验证与假设之间的差距，并分析产生差距的原因。如果假设与验证之间的差异不大，则断定负责人工作积极努力，如果假设与验证之间的差异很大，则要分析其中的原因，为什么差距过大？下个月或下周该采取什么样的方案来弥补差距？如何避免今后有可能再次产生的差距？

企业经营在无数次的假设—验证中发现问题、分析问题、解决问题，

并且要求全员都养成了假设—验证的习惯，不容忍任何问题的存在，因为任何微小的问题都有可能酿成大错。这样的思维方式其实就是管理咨询顾问所惯用的分析问题的方式，日本零售业便是通过假设—验证的方式时刻反省自己的现状与目标之间的差距，持续改善，日益精进。

精益零售的四个要素，包括亲切服务、清洁卫生、商品新鲜、商品适销，也会被彻底贯彻在门店运营中。7-ELEVEn、优衣库、无印良品的店员并未将时间精力花在顾客推销上面，而是花在亲切待客、清洁卫生、门店商品结构分析、商品备货是否适销上。由于不同的门店所处商圈位置不同，平时与节假日的顾客群体不同，甚至早、中、晚不同时间段的顾客群体也不同，店员要学会观察顾客的消费习惯，分析商品销售动向，建立什么商品应该要订多少的假设，防止商品缺货与库存积压，可以说是千店千面。

2002 年，罗兰贝格与中国连锁经营协会调查统计的数据显示，中国零售业的平均缺货率约为百分之十，家乐福中国的缺货率约为百分之六，这么高的缺货率会损失顾客销售机会，但更严重的是顾客的需求不被满足后，顾客再也不来购物，这种因缺货造成的顾客流失风险远比损失顾客销售机会要严重得多。

精益零售意识改革主要是包括三大支柱、四个要素、五项原则的改革。只要能彻底贯彻好这些基本的精益零售思想，就能大大提高精益零售的水平。因而，精益零售也没有什么秘密，就像丰田汽车只要做好改善文化就能成功一样。

Step2
商业模式：制造型零售业时代来临

商业模式是一个企业得以存在于商业竞争中的表现形式，商业模式并没有太多高深的理论，大多数企业采取的商业模式首先是学习行业中做得好的标杆企业，进而根据自己对市场的敏锐度进行修正，最后再不断地试错，才能得出成熟的商业模式，而其中不确定性因素较大，因而试错的风险也较大。商业模式的创新主要依赖于创始人在市场一线摸爬滚打多年后的直觉，也可以借助外力，比如说管理咨询公司通过研究标杆企业实践后，会撰写咨询方案以帮助企业进行商业模式创新，这样可以帮助被服务企业少走一些弯路。但中国互联网行业已经走在了全球的前沿，新的互联网商业模式大多已经无法借鉴美国的互联网模式了，反倒是有些美国的互联网在借鉴中国的创新互联网模式，因而互联网商业模式的创新往往是依靠创始人自己的创新能力与背后的资本支持。

中国早期互联网的发展就是学习、借鉴美国的互联网，只是后来因为中国对互联网的管制比较宽容，使中国互联网的创新能力又超过了美国，因而阿里巴巴、腾讯等互联网企业的商业模式在不断演变进化中。

阿里巴巴从最早期的电子商务进化为现在的大数据、IT 服务商，致力于为广大的制造业、零售业、品牌商提供商业操作系统解决方案。而腾讯从早期的社交工具进化为现在的产业互联网提供商，致力于为政府、医院、企业等提供产业互联网技术赋能。

再比如共享商业模式，最早诞生于美国的共享出租屋、共享汽车，引入中国后变成了共享汽车出行、共享单车、共享充电宝、共享雨伞等，中国的共享经济发展速度远超美国。有些国家立法直接禁止了共享汽车和共享单车。而中国是在积极地应对这些新问题，因而中国的共享经济得以腾飞，但也因为没有管制，大街上共享单车遍地乱放，还有大量的共享单车被城管收集在空旷草地上堆积如山，造成了大量的浪费。曾一度因共享单车火爆繁荣的自行车加工厂，也因为共享单车的潮水退去而倒闭。

商业模式也并非一成不变，如戴尔电脑早期开创了用户 DIY（私人定制）组装电脑的新商业模式大获成功，但现在因为移动互联网的兴起，个人电脑逐渐被手机替代，大多数 PC 电脑厂商被收购兼并，戴尔电脑也逐渐走向了衰落。而中国的大润发超市被阿里巴巴收购后，也感叹赢得了对手却输给了时代。

既然商业模式是变化的，而且也是商业的起点，那么零售行业会呈现什么样的商业模式呢？在了解美国、日本、中国的零售后，大致可以总结出三种商业模式，分别是制造型零售、平台型零售、科技型零售。日本崇尚的是制造型零售业，而中国与美国崇尚的是平台型零售与科技型零售，中国可以说是美国忠实的学生，无论是在互联网电商还是实体零售业或者是企业经营管理上，中国表面上是在学习日本，但骨子里是在学习美国。

平台型零售

平台型零售模式可以分为两种，一种是中介交易平台模式，另一种是垂直整合平台模式。

中介交易平台模式是指平台主搭建交易平台，撮合商家与消费者之间的交易，从中收取相应的佣金，或者平台是免费的，但平台主会收取广告费、搜索流量费等。像万达商业地产、淘宝、天猫，都是这种模式。京东与拼多多早期也是自营模式，后来发现自营的资产太重，而且商品数太多也不好管理，京东后来增加了与天猫一样的招商平台，最终中介收入超过了自营收入，而拼多多因为早期自营的失败干脆彻底转型为中介型招商平台。

百货业与大卖场超市也是中介交易平台模式，大多数百货业与大卖场超市都是商业地产思维，一般会圈地盖楼坐等收租金，比如，大卖场会租块地经营超市，再将超市周边的商铺对外出租，租金所得就可以覆盖所有的租金成本，相当于超市是零租金，这样的商业模式本质上是二房东模式。美国的麦当劳也是这样的商业地产模式，麦当劳的主要收入也不是来自汉堡而是其入驻后商业地产升值后的租金收入。

在消费需求变化越来越快的时代，中介交易平台模式的弊端开始显现，过去消费者因为信息不对称而依赖中介交易平台，但由于中介交易平台对商户及商品并没有进行控制，难免会出现品质问题，而且由于中

介交易平台的费用日益上涨，商家的赢利能力也越来越差。另外，因为中介交易平台的竞争壁垒并不高，当各种各样的交易平台崛起后，势必会对原有交易平台形成巨大的冲击。而消费者对于中介交易平台没有任何忠诚度，哪里有优惠就往哪里跑，所以线上中介交易平台对线下实体中介交易平台的冲击力是最大的。万达商业地产的招商这些年也逐渐降低了服装等品类，而将教育、餐饮等线上无法替代的品类增加了许多。

过去中介交易平台模式使大卖场超市、百货业赚得盆满钵满，但随着电商等其他中介交易平台的崛起，大卖场超市与百货业也不得不转型。百货业以及大卖场超市等其他零售业的出路并不在线上 + 线下的新零售或智慧零售模式，而在于自身价值链的重构以及内部管理体系的重构。过去的百货业是站在自己的立场，实现租金收益最大化，并未为品牌供应商考虑，导致品牌商价格居高不下，性价比严重不符合商品真实的价值，中国消费者有了互联网或购物中心等其他更好的选择时自然会抛弃大卖场超市与百货业。

垂直整合平台模式是指平台主参与价值链上的各交易环节，典型的案例是日本 7-ELEVEn，一方面联合原料商、生产商、包材商、物流商等组成产、供、销一体化团队 MD 经营，另一方面与加盟商联合经营，建立垂直整合型而非中介收过路费式的平台经营模式。7-ELEVEn 作为平台主会要求生产、供应、销售全价值链中的各个企业进行组织协同与信息共享，大大提升全价值链的运营效率，减少了价值链中各个企业间交流沟通的障碍与成本浪费。

7-ELEVEn 的加盟合同中并没有明文规定加盟店只能从 7-ELEVEn 进货，加盟店也可以从别的地方进货。7-ELEVEn 并不是赚中间差价模式，而是将供应商的货品零加价直接供应给加盟店，加盟店在订货后才按照一定的毛利分成比例返还给 7-ELEVEn 及供应商，这样可以提高供应商的积极性，生产品质好了，加盟商就会多订货，供应商就可以多分利润。同时加盟商也不会从外面进货，因为从外面进不到比 7-ELEVEn 价格更低的商品。

优衣库也学习了 7-ELEVEn 的垂直整合平台模式，与供应商建立了团队 MD 商品开发体系，将供应商纳入自己研发体系的好处是可以利用供应商多年的行业经验提高产品研发的品质。优衣库的部分创新产品也是供应商深度参与研发的，优衣库通过销售量的多少与供应商进行收入分成，这样也大大激励了供应商参与研发的积极性。

与平台模式不同的是零售业的采购自营模式，无论是超市行业还是服装行业，采购自营模式仍然是主流的商业形态，毕竟有实力做平台的企业还是比较少见的。这种模式的竞争力取决于买手的经营能力，特别是对流行趋势的判断能力，而买手的判断失误就会造成当季货品的积压。供应商因为没有融入零售商的经营体系，对零售商的消费者研究也不是太清楚，他们无法对零售商提供很好的支援，只能按零售商的商品企划要求进行生产。这种按采购订单进行生产交货的方式无法完全调动供应商的积极性，由于供应商与零售业的关系并非战略联盟关系，供应商本身也没有安全感。

因此，平台经营的模式显然要高于采购自营模式，而垂直整合平台模式的运营效率更大于采购自营模式。垂直整合平台模式的竞争壁垒很高，一旦建立成功后，竞争对手就很难撼动了。日本 7-ELEVEn 采用的垂直整合平台模式，没有一家直营工厂，也没有一家直营物流仓库，

97% 都是加盟店，但其运营效率却远远高于同行全家、罗森便利店。

制造型零售

业界习惯把零售业的四次革命按渠道变革进行划分，第一次革命为百货业革命，第二次革命为连锁业革命，第三次革命为超市业革命，第四次革命为电子商务革命。

而我把零售业按照商品运营的模式分为三次革命，第一次革命是平台中介型革命，目前中国大多数实体零售业中的百货业、超市业、家居业、家电业以及阿里巴巴、苏宁、京东等互联网电商基本如此，这势必会导致商品同质化竞争，商品只是从一个渠道转向另一个渠道无差异化运营，只有价格才是决定性因素，最终会导致商品品质下降，甚至以次充好，伤及的是消费者的美好生活。

第二次革命是买手型零售革命，即超市业废除供应商进场费，从采购转型为买手，通过商品差价盈利。这与大多服装商的做法相似，以买手能力高低来决定商品竞争力，考验真正的零售运营能力，即识别顾客需求及提升供应链运营效率。买手型零售业依然是供应商研发商品 , 零售业优选商品，并未培养出零售业研发自有品牌的能力，零售业开发的自有品牌商品大多也只是找供应商贴牌的商品，而这种贴牌模式也属于买手型零售业。中石油昆仑好客便利店、盒马鲜生等便属于第二次零售革命。

第三次革命是制造型零售业革命，即以原创商品开发为目的的商业活动，如日本 7-ELEVEn、优衣库、无印良品等模式。目前中国很少有这样原创商品开发的制造型零售业，一般只是出现在具有原创服装设计师的服装品牌企业中。在超市或便利店中，除了日资便利店具有大量的原创商品开发外，只有少数中国新式鲜食便利店企业开始融入中国消费特点的原创商品开发。中石油昆仑好客便利店、盒马鲜生等也开始了部分原创商品开发的尝试。

制造型零售业的好处是不打价格战，甚至以高价格、高成本开发原料好、品质好的原创商品，为消费者提供美好生活的享受。其实低价格竞争的零售业并不是良性的，因为物美价廉的逻辑是不存在的，如果因为价格过低造成供应商微利必然就不会在生产设备或原料上进行投资，所生产出来的商品品质必然得不到保证。零售业只有从研发、生产、销售等全价值链运营上提高效率减少浪费才能真正降低成本，而不是通过低价倾销获取用户流量。

7-ELEVEn 因为不打价格战，保障了产品的高利润，才能在产品研发上进行持续的巨额资金投入。日本 7-ELEVEn 总部约有 4000 种商品，门店 2500 种商品，其原创的自有品牌商品销售额约占全部商品销售总额的约 70%，其母公司 7&I 集团约 1700 种商品为自有品牌商品。

2014 年，伊藤洋华堂超市将原来的采购部更名为商品部，意思是要像 7-ELEVEn 那样将以前与供应商的采购行为变革为原创商品企划与开发行为，这样伊藤洋华堂也从过去的采购型零售业转型为制造型零售业。

曾有媒体说 SPA（Speciality retailer of Private label Apparel）

自有品牌服饰专营商店优衣库成长迅速的原因是因为他们的制造型零售模式，7-ELEVEn 创始人铃木敏文却说："只有我们 7-ELEVEn 才是真正的 SPA 制造型零售业。"日本 7-ELEVEn 将近 70% 的商品为原创开发的商品，被称为制造型零售业的鼻祖。

例如，7-ELEVEn 开发的盒饭使用的是日本顶级 A 类大米，开发的面包使用的是高筋面粉，开发的啤酒、化妆品、内衣等所采用的原料都要比为之代工的工厂用的原料好得多。7-ELEVEn 列举了拉面的流通成本由原料、生产、包装、物流、销售等成本构成，而其中原料成本一般只占到总成本的 10%~20%，大量的成本花费在销售流通环节的广告、促销上，而 7-ELEVEn 采取的方案就是大力提升原料的成本，采用更优质的原料，而降低广告促销的成本。因为是在自己的门店销售，没有进场费、促销费，所以流通成本反而更低，消费者可以买到物美价廉的商品。

所谓的原创商品，并非全部从头开始，也不是直接贴牌于生产厂家，而是与原料商、生产商共同开发，这就是日本 7-ELEVEn 开创的业界独一无二的团队 MD 协同商品开发体制。日本 7-ELEVEn 总部仅 8000 余人，负责商品开发的团队约 150 人，其中还有 50 人是负责商品品质的，真正的 MD 商品开发人员在 100 人左右。7-ELEVEn 每周向门店推荐的新商品大约有 100 种，全年 52 周下来就是大约 5200 种新商品，其中原创开发的新商品大约为 3000 种，还要引进 2200 种非 7-ELEVEn 自有品牌商品，如果不借助供应商的力量是不可能完成的。

以米饭类鲜食商品为例，日本 7-ELEVEn 牵头与原料商、供应商成立了 NDF 鲜食协会，参加的成员约有 80 家公司，NDF 中有各种不同的专业小组，如原料开发及调度小组、生产设备及机器开发小组等。NDF

成员企业的人员联名开发商品，相互提供信息，成员总数大约有 1000 人。7-ELEVEn 商品部门与 NDF 的专业团队人员组织协同 MD 商品开发小组，完成原创商品开发。

7-ELEVEn 的专用工厂大约有 171 家，占所有工厂比例的 92%，专用物流中心大约 150 处，无论是工厂还是物流中心，7-ELEVEn 都不对他们有任何投资或股份持有行为，旨在充分调动这些工厂与物流中心的工作积极性，一旦服务打折扣，7-ELEVEn 会毫不留情地进行绩效考核甚至更换新的供应商。因此，以 NDF 为主的制造商和供应商们与 7-ELEVEn 的关系极为密切，远胜于资本关系。在一般市场，NDF 的成员企业之间甚至彼此互为竞争对手，但为了 7-ELEVEn 的商品开发与生产，他们却毫无保留地贡献知识、智慧，彼此充分共享信息，减少组织协同的磨合成本。7-ELEVEn 这种全球独一无二的跨业种合作的团队 MD 组织形式，也逐渐被伊藤洋华堂、优衣库、无印良品等其他日本零售业学习效仿。20 世纪 90 年代，美国沃尔玛和宝洁公司还专程去日本向 7-ELEVEn 取经学习团队 MD 商品开发的知识。

原创商品开发并不只是应用于商品的开发，这一理念还深入 ATM 机的开发及 7-Bank 银行的成立。7-ELEVEn 观察到日本社会老龄化趋势来临，大量老人去银行取钱需要排很长时间的队，于是建立了由 7-ELEVEn、NEC、微软等多个 IT 服务商的团队 MD 小组，开发出来的 7-ELEVEn 专属的 ATM 机，体积比银行的小，成本真的只有银行 ATM 机的三分之一。

科技型零售

科技型零售指的是零售业与互联网科技融合为产业互联网，将商品开发、销售运营、供应链交付等全价值链科技化、数据化，发挥人的信息活用能力，而非单纯 IT 技术自动化。目前中国传统实体零售业对 IT 投入并不够，而互联网新零售模式可以称为科技型零售业。

科技型零售模式也可以分为两种，一种是单纯强调 IT 技术自动化，另一种是强调人的知识创造与 IT 技术相结合的 IT 自働化。

丰田汽车精益生产方式创立者大野耐一曾说过，美国福特汽车发明了自动化流水线生产设备，虽然减少了一线生产工人数量，却增加了大量的技术开发人员，而丰田汽车的自働化生产线，结合人的经验的生产效率也并不低。这让我联想到，以 IT 技术驱动的新零售相比传统零售业固然大量提高了运营效率，但总部增加大量的 IT 技术开发人员相比于门店减少的员工来说，这个代价是高昂的。相比于日本的专业化分工，零售业与 IT 服务业实行专业分离，零售业自身并不会养 IT 开发团队。中国的新零售，每家都要养一个庞大的 IT 开发团队供自己独用，这的确是中国高端人才资源的巨大浪费。

据媒体报道，世界上自动化程度最高的汽车公司特斯拉与 NUMMI（新联合汽车制造公司，1984 年丰田与通用两大汽车巨头在美国加利福尼亚州共同成立的一家合资公司，也是美国第一家合资汽车公司）做过一次对比，NUMMI 在 2006 年鼎盛时期，使用 5500 人生产了超过 40 万辆车，但在 2017 年，特斯拉在这个工厂，使用了大约 1 万人只生产了大约 10 万辆汽车。众所周知，特斯拉总部雇用了大量自动化高科技人才，产出与投入比却如此让人大失所望，这与中国新零售雇用大量的 IT 技术开发人员有何不同呢？

到底是要学习美国的 IT 科技自动化还是要学习日本的与人相结合的 IT 自働化，这就像回到了到底是学习美国制造业的自动化生产线还是学习日本的有人干预的自働化生产线，也像回到了到底是学习美国德鲁克的目标管理与绩效管理还是要学习戴明的质量管理与 PDCA 管理，这可能要留给中国的零售企业自己选择了。有大量风险资本驱动的新零售企业适合选择 IT 自动化，而想基业长青的传统零售业最好选择 IT 自働化，将人的知识创造能力与 IT 技术相结合。

实际上，以 IT 技术见长的新零售流派所经营的商品大多是生鲜类快消商品，新零售中经营服装品类的较为少见，从这一点也说明了 IT 自动化适用于生鲜、家电等标准化商品，而服装、鲜食便利店等时尚类非标准化商品则更加考验人的眼光与实践经验，这样的零售业更适合选择 IT 自働化，即在人的业务行为中融合 IT 系统的决策支持，让服装、鲜食便当商品开发人员仍然通过人的智力决定新品开发的款式、口味，而不是依靠 AI 人工智能算法的决策。

美国人选择自动化及日本人选择自働化的背景是不同的，美国人崇尚技术创新、目标管理、速度效率，所以 IT 技术在美国零售业中被充分重视，沃尔玛及亚马逊都是非常重视 IT 技术而获得收益的。而日本企业更强调人的作用，IT 技术是用来辅助人做情报分析的，像 7-ELEVEn 则重视人与 IT 技术的融合。而中国互联网业、零售业学习的标杆显然是美国，崇尚的是 IT 技术自动化，这与中国零售业员工流动性大也很有关系，日本零售业的门店员工比较稳定，可以积累大量的零售业经验与 IT

系统融合，而中国零售业门店员工流动性太大，如果 IT 系统过于复杂的话就不适合员工流动性高的门店了，所以中国零售业采用的模式大多是强总部弱门店，采用的也是总部给门店用 IT 系统自动补货的模式，而日本零售业大多采用的是门店现场员工主动订货的模式，显然门店人员订货的精度要大大高于总部自动补货的模式，但是订货速度也是比较慢的。中国零售业在经济飞速发展时代的目标是快速跑马圈地，总部自动补货可以弱化门店员工的要求，但在现在竞争极为激烈的时代，门店员工精准订货以满足顾客的潜在需求就变得极为重要了。

从商业流通的运营效率看，到店业务要比到家业务效率高，到家业务需要在总部建立一支庞大的 IT 开发及运维团队，以及一支庞大的外卖骑手队伍。目前中国处于人口红利期，零售从业人员的工资普遍比较低，不像日本等发达国家零售一线从业人员的工资几乎与 IT 技术工程师差不多，如果有一天中国零售业一线人员，包括门店店员及外卖骑手的工资及社保福利与互联网 IT 技术工程师相当，那到家业务可能会输给到店业务，或者会增加顾客的配送到家成本，如果不增加配送成本就一定会牺牲商品的研发成本、原料成本，这对消费者来说是另一种伤害。而且很多零售商到家业务的顾客并非新客，很多本来是线下到店的会员，因为商家开通了到家业务而选择了网购，使原本到店流量更加稀少。当下中国电商业、到家业务比较发达的原因也与中国房地产经济相关，因为过高的房租导致商家不得不开辟到家业务，实现“海陆空三军作战”，但这样势必会造成商场大量的空置，倒逼商场降低房租，吸引零售商回流，这样电商与到家业务就更加没有成本优势了。

所以最理想的流通模式是顺其自然地发展到店或到家业务，围绕消费者需求开展到店业务与到家业务。到家业务可以给那些不方便到店消费而愿意额外支付到家配送服务费的顾客，例如老弱病残等行动不便者，这样零售商可以全身心投入商品开发及供应链体系建设，通过开发出好的商品来吸引顾客到店消费，而开发原创自有品牌商品就成了零售业差异化竞争的武器，因为原创商品具有唯一性，顾客别无选择，即便没有到家业务，顾客也会主动到店消费。精益零售以商品为中心，零售商不要奢望满足顾客的任何需求，而应围绕自身擅长的商品基因，开发好自有品牌商品，让顾客为了追寻美好的商品而到店消费，形成一种良性循环的商业机制。电商与实体零售业也由价格竞争关系变成价值相融共生关系，同时使社会资源集约化，而不是每家零售业都要转型为新零售培养大量的 IT 运维团队及物流配送团队，以及在最后一公里小区内建设大量的快递柜，形成人力物力资源的巨大浪费。

虽然中国的 AI 人工智能全球领先，甚至可以跟美国叫板，中国物流业、快递业可以用人工智能代替快递员，但中国服务业的从业人员的薪酬相比日本与美国服务业人员要相差好几倍，完全还未到人工智能替代人的时候。日本超市收银员的工资与 IT 工程师相当，而日本的机器人自动化是全球最顶尖的，但日本并未用人工智能开辟无人超市或无人送货的电商业务，这不能不引起中国的深度思考。

到底选择 IT 自动化还是 IT 自働化是没有绝对性的，需要中国零售业自己选择，只有实践过才知道最终结果的好坏。日本之所以选择 IT 自働化，与他们门店人员的稳定性及他们做事的工匠精神有关，而中国门店员工流动性大，选择 IT 自动化或许也是一条不错的路径。一般来说，最好是先实现 IT 自动化，后实现 IT 自働化。以盒马鲜生为代表的新零售实现的就

是 IT 自动化，而日本 7-ELEVEn 的信息化实现的就是 IT 自働化。

企业选择 IT 自动化，在信息化上重金投入好于在 IT 信息化上投资吝啬。也可以说 IT 自动化是 IT 自働化的前提，只有先实现 IT 自动化后，才能实现 IT 自働化。这就好比人的性格分内向与外向，尽管性格外向显得个性张扬、讨人厌烦，但也好于性格内向造成的自卑对自己的伤害。同样道理，IT 自动化导致的信息化资金过度投资造成一定的浪费也好于在信息化上欠缺投资对业务带来的不便。

也有很多企业请过不少的管理咨询公司，实施过不少的 IT 信息系统，失败的情况也很多，但也终归好于不请任何咨询公司或不采用任何 IT 信息系统，因为每一次请教管理咨询或采用 IT 信息系统都是扩大自己认知的过程，即便失败了也是一次宝贵的经验教训。

扫一扫，听微课

中国零售业的发展趋势走向何方

Step3
战略定位：原创商品开发就是差异化战略

战略简单来说就是重大决策。战略一词最早是军事方面的概念，指军事将领指挥军队作战的谋略。在中国，战略一词历史久远，“战”指战争，“略”指谋略。春秋时期孙武的《孙子兵法》被认为是中国最早对战略进行全局筹划的著作。战略是成功的起点，战略决定成败，好的战略事半功倍，不好的战略会导致结果南辕北辙。

战略定位是指在众多战略抉择中选择一条最适合自己的战略。一个企业成功的道路有很多条，有的路平坦好走，但走的人很多，显得拥挤；有的路荆棘丛生，但走的人少，能坚持到终点的人不多；还有的路比较曲折，要比别人多走很多弯路才能到达终点。到底选择什么样的路就是战略选择的过程。

商业模式与战略定位同等重要，如果选择的是垂直型中介平台，那就决定企业的战略是将重心倾注在供应链体系的整合上；如果选择的是制造型零售模式，那就决定企业的战略是将重心倾注在原创产品开发上；如果选择的是科技型零售模式，那就决定企业的战略是将重心倾注在互联网创新与 IT 技术系统建设上。企业在发展过程中的商业模式会创新进化，等同于进行了重大的战略转型决策。

市面上提到的定位，大多是指特劳特与里斯创立的“定位”，即抢占顾客的心智模式，为顾客创造价值，他们的定位大多指的是品牌定位。有人也谈到企业的成败在于品牌定位，特别是一个好的品牌名字至关重要。定位的确很重要，这其实就是聚焦战略，但在中国有点夸大了定位的威力，认为再好的产品与管理都不及研究定位获得成功来得快。这样就导致企业创始人喜欢琢磨品牌营销，而忽视了企业内部运营管理与商品品质的打造，因为打磨产品与供应链是一个漫长的过程，是极为考验企业管理内功的。定位源于美国，中国习惯学习美国，所以定位学在中国大行其道。在中国，定位大多用于消费品品牌，却很少用于零售业。零售业的核心并不是品牌营销，而是内部运营，因为零售业的门店就是活广告，能提高顾客复购率的最好方式就是提高商品的品质、性价比及服务。日本零售业很少提到定位的作用，他们认为顾客不来的原因一定是自己的产品无法适应变化的顾客需求，转而深入改良自己的产品，而不是认为自己的营销定位没做好，从品牌定位上找自己的原因。

如果一个企业仅仅是因为取了一个好名字就会成功的话，那成功来得也太容易了。日本 7-ELEVEn 的成功从来没有说是因为取了个好名字，决定其成功的恰恰是管理，美国 7-ELEVEn 不重视管理而破产，日本 7-ELEVEn 因为管理而大获成功。

事实上，世界长寿企业最多的国家就是日本。据美国《财富》杂志报道，美国中小企业平均寿命不到 7 年，大企业平均寿命不足 40 年。而在中国，中小企业的平均寿命仅 2.5 年，集团企业的平均寿命仅 7~8 年。美国每年倒闭的企业约 10 万家，而中国有 100 万家，是美国的 10 倍。

从事定位营销咨询的客户大多是消费品品牌，这说明消费品品牌更期望通过营销、广告、宣传让企业家喻户晓，增加企业的曝光度，从而被更多的顾客记住。而零售业的门店先天性就是活广告，零售业只有经营好商品及服务，才能让顾客先记住商品及服务进而记住企业的名字，而不是因为零售业取了一个好名字。零售业应该站在顾客的立场思考，成为顾客的购买代理，关注顾客的评价及口碑传播，持续改善自己的不足，这样才能真正赢得顾客。

精益零售研究的定位主要是指战略定位，即企业存在的意义，企业为顾客创造什么样的价值，企业优势是什么，要服务什么样的顾客人群。而迈克尔 · 波特教授的竞争战略可以提供理论支持。

竞争战略

竞争战略之父哈佛商学院教授迈克尔 · 波特教授提到，取得卓越业绩是所有企业的首要目标，运营效益和战略定位是实现这一目标的两个关键因素。运营效益是指在运营活动相似的情况下，做得比竞争对手要好，效率更高。但从竞争力的角度来看，只依赖运营效益的问题在于，运营效益的最佳实践太容易被模仿。战略定位则是通过保持一家企业的独特优势而获得持久竞争力，这意味着它采取了与竞争对手不同的运营活动，或者是以不同方式完成同类活动。运营效益代替战略的最终结果必然是零和竞争、价格战，以及不断上升的成本压力。战略定位就是要做到差异化。它意味着企业要深思熟虑地选择一套与竞争对手不同的做法，创造独特的价值组合。

波特发明了一些竞争战略研究的工具，有外部环境分析的工具：PEST（政治、经济、社会、技术）分析、SWOT（优势、劣势、机会、威胁）分析；有波特五力模型分析，包括同行业的竞争、买方讨价还价的能力、卖方讨价还价的能力、潜在进入者的竞争、替代品的威胁；还有三大竞争战略：集中化、低成本、差异化。

这里并不对这些专有名词进行解释，一般研究管理的人都会先研究波特的竞争战略。精益零售引用竞争战略的目的是为了让企业了解自己的竞争优势、劣势，以及所掌握的可用资源，从而正确地做出自己的公司战略定位。

日本 7-ELEVEn 采用的竞争战略比较简单，其创始人铃木敏文认为，真正的竞争对手并非同行，而是顾客喜新厌旧的疲倦感。铃木敏文甚至下令禁止员工去研究同行竞争对手，而是要研究自己顾客的喜好。而全家、罗森等便利店因为一直在学习研究 7-ELEVEn 的模式及产品，他们的目光关注的是 7-ELEVEn 而不是自己的顾客，所以经营结果也就离 7-ELEVEn 相去甚远了。

现以日本 7-ELEVEn 为例，介绍一下 7-ELEVEn 采取的三大竞争战略。

集中化

日本 7-ELEVEn 密集开店是其非常重要的战略。 7-ELEVEn 至今也并未在日本所有的城市开店，坚持要么不进入一个城市，一旦进入以后就采取高密度的开店策略，采取的是逐步稳妥的战略，要确保城市所开的门店盈利。

一开始，全家便利店的创始人还扬扬得意地对媒体说他们才是全日本最大的便利店企业，因为全家便利店进入的城市数量远超过7-ELEVEn。但到后来全家才发现异样，等他们醒悟过来却为时已晚，因为全家单店销售额远远低于7-ELEVEn。

7-ELEVEn的密集开店战略有如下优势：

第一，密集开店具有很好的广告宣传效应，7-ELEVEn门店之间距离并不是太远，给顾客的感觉好像到处都是7-ELEVEn的门店，这种宣传效果胜过电视媒体广告。

第二，密集开店使得物流配送成本降低，也可以大大提高门店的配送频次。日本7-ELEVEn在20世纪80年代末期就已经实现了米饭的一日三配，因为日本人对米饭的新鲜度要求很高。而中国7-ELEVEn、全家便利店到目前为止还只是实现了一日两配，可见中国零售业与日本零售业的差距。

第三，密集开店使得OFC督导管理员到店管理非常方便，7-ELEVEn的督导可以一周两次，每次到同一家门店进行2小时的辅导，大大提高了门店的经营水平。

低成本

一个方面，垂直整合平台化战略，自己并不拥有一家工厂、一家物

流的所有权，甚至连对工厂与物流的任何投资都没有。97% 的门店为加盟店，完全轻资产运营。7-ELEVEn 在日本有 2 万多家门店，总部才 8000 多人，2017 年净利润率在 20.5%，其人均利润 116 万元，人效堪比阿里巴巴的 117 万元，这样的利润也只有互联网科技行业才能与之相比了（具体经营数据参见《零售的本质》）。

另一方面，对自己的产品成本进行了优化。日本 7-ELEVEn 的自有品牌商品的成本构成与全国品牌商品的成本构成完全不同，7-ELEVEn 自有品牌商品的生产成本及包装成本与全国品牌商品的成本相差不大，7-ELEVEn 大大提高了原料成本的构成比，使自有品牌商品的口味及品质远远高于全国品牌。7-ELEVEn 降低了自有品牌商品的营销广告费用及销售促销费用，使其远远低于全国品牌。另外，7-ELEVEn 因为采取了密集开店的战略，其物流配送成本也比全国品牌商品的成本低。最终自有品牌商品的总成本低于全国品牌，如果定价相同的话，7-ELEVEn 的自有品牌商品的毛利要远高于全国品牌商品。

差异化

日本 7-ELEVEn 在 1974 年开业之际普遍不被外人看好，因为当时是伊藤洋华堂、永旺等大卖场的天下。日本 7-ELEVEn 早期的商品结构完全是按照母公司伊藤洋华堂超市的畅销商品引进的，但销售结果非常糟糕，于是重新调整商品结构，主要挑选适合年轻顾客的商品。后来日本人口的老龄化越来越严重，7-ELEVEn 的顾客群体中老年人口急剧增加，现在顾客群体的平均年龄要比 1974 年增加了十几岁，这样 7-ELEVEn 的商品也随之进行了调整。

20世纪90年代初，日本经济危机爆发后，全日本零售业单店销售额下滑了一半，7-ELEVEn的单店销售额也下滑了将近20%，但7-ELEVEn的毛利率却由过去的20%多提高到近35%，其中的原因就是7-ELEVEn开发了大量的自有品牌商品，尤其是盒饭、关东煮等熟食产品的销售占比达到30%左右，而熟食的毛利率要远远高于其他非熟食类商品。

因此，原创商品的开发成为7-ELEVEn差异化竞争的武器，这也被7-ELEVEn视为最大的差异化战略。在7-ELEVEn的带动下，整个日本零售业纷纷开发自有品牌商品，每家公司都使出了自己的绝活，不管是全家、罗森便利店，还是优衣库、无印良品、Nitori似鸟家居、山崎电机家电等其他业态的零售业都开始了原创商品的开发，日本零售业从20世纪90年代开始几乎全部转型为制造型零售业。而中国零售业超市在最近两年才意识到开发原创的自有品牌商品可获得差异化竞争优势，而这一时间比日本晚了近30年。

公司战略

分析竞争战略之后，企业会了解到自己的优势、劣势以及自己的核心能力，从而便于做出正确的公司战略。公司战略实际上也是一种取舍，因为企业的资源是有限的，选择了一件事情就意味着会放弃其他的事情，没有任何一家公司资源多到可以毫无顾忌地采取多元化战略投资。

联想集团多元化发展房地产、投资业务，势必会弱化其在电脑主业上的科技投入。虽然联想在房地产、投资等业务上大获成功，但由于电脑、手机上的资金投入不足，导致其竞争力严重下滑。而华为的战略一直聚焦在通信行业，不做房地产，也不搞投资多元化，而是每年将销售额的10% 投入科技研发。任正非 2019 年接受中央电视台记者采访时表示，华为在基础学科领域，有 700 多个数学家，800 多个物理学家，120 多个化学家，6000 多个做基础研究的专家学者，还有 6 万多个工程师，构建了一个基础学科体系；华为在 5G 和微波方面全世界做得最好，欧美国家是没有办法拒绝的，不用就太傻了。

放到零售业来看，当电子商务热潮来临时，有很多百货业、超市业采取的战略是纷纷进入电子商务，但由于没有电商基因，而电商业务与实体业务又存在冲突，并且也无法与阿里巴巴、京东等电商巨头抗衡，导致他们的电子商务业务纷纷折戟。

对有些超市来说，其战略选择并未放在原创商品开发转型为制造型零售业上，并未通过开发原创商品提高原有顾客的商品及服务能力，以此建立差异化竞争战略，而是放在开辟新的电商渠道与现有电商巨头竞争上。有些超市的战略选择是深耕生鲜供应链体系，建设生鲜基地，从源头巩固生鲜供应链的竞争壁垒。有些超市也建立了电商业务，例如成都伊藤洋华堂，电商业务只是线下实体超市的有益补充，并非一个新型的中介交易型平台，它只是让那些不愿意到店的消费者多了一个可以购物的渠道，并不是要颠覆自己的线下门店业务抢夺线下门店的客流。

有些新零售超市也开展了餐饮业务，但餐饮其实比超市更难经营。我也为餐饮企业提供过管理咨询，对餐饮行业展开了精益零售的研究，发现餐饮行业的从业人员整体学历偏低，餐饮工作的劳动强度远大于超市行业，消费者对餐饮口味喜新厌旧的疲倦感要远远超过零售行业。餐饮行业的大型连锁上市公司并不多见，由此可以知道餐饮行业竞争很激烈，可以说餐饮行业是一个更加受地域性限制的行业，一般超市行业、餐饮行业大多只是在本省发展，这样才能符合本地化的口味，而超市行业又比餐饮行业稍微好一些，但也大多只是在部分区域几个省份发展。

当一个企业对自己的战略犹豫不决时，最好的选择就是聚焦战略，即像华为一样，专注自己的主业，也像打仗一样，冲锋城墙时力钻一孔，这样才有可能炸开城墙。如果企业积累一定实力后非要进行多元化扩张的话也要选择相关业务多元化，围绕自己的主业做衍生的业务。

以下表格是对日本 7-ELEVEn、优衣库、无印良品、华为制造型零售业的战略选择分析。他们并未将战略定位在电商新渠道的开发上，而是深耕实业，并且是从原料商、生产商、物流商、总部、门店进行全价值链的垂直整合平台经营，他们的价值主张与核心能力如下。

公司	价值主张	核心能力
7-ELEVEn	7-ELEVEn 从消费者日常生活出发，在顾客从起床到就寝的时间段内，随时不间断地提供顾客想要的商品与服务，货架上的商品永远保持新鲜，待客态度友好，店铺 365 天 24 小时不间断营业。	● 建立单品管理、假设—验证的思维方式； ● 开发原创商品及协同 MD 商品供应计划； ● 建立与一线员工直接沟通的信息共享体系； ● 活用 IT 基础设施的平台型经营能力。

（续表）

公司	价值主张	核心能力
优衣库	优衣库改变基本款休闲装的常识，创造真正优良的、拥有前所未有的新价值的服装，向全世界的人们提供穿着的乐趣、幸福和生活满足感。	● 生产外包，构建研发、生产、销售一体化的 SPA 制造型零售模式； ● 少款多量，主打基本款，产品追求科技技术与品质，追求极高性价比； ● 假设—验证型 52 周协同 MD 商品供应计划让销售预测变得精准； ● 把自己定义为信息制造业，创始人柳井正要求接班人懂 IT。
无印良品	无印良品主张淡化品牌意识，致力于提倡简约、自然、质朴的生活方式，持续不断地为消费者提供具有生活质感的商品，成为生活形态提案店。	● 深入顾客家庭调研，从消费者日常起居生活出发寻找设计灵感； ● 与原研哉、深泽直人等设计大师合作，坚持原创商品开发； ● 与生活息息相关的信息制造、提供信息生活方式提案的产品； ● 对 IT 系统持续不断地巨额投入，构建了 MD 商品计划自动补货系统。
华为	华为是全球领先的 ICT（信息与通信）基础设施和智能终端提供商，致力于把数字世界带入每个人、每个家庭、每个组织，构建万物互联的智能世界。	● 坚持原创产品研发，每年研发投入在销售额 10% 以上； ● 极端重视人才，有 700 多个数学家、800 多个物理学家、120 多个化学家； ● 全员持股，任正非持股仅 1% 多，极大激励员工内部创业热情； ● 构建了管理架构、流程与 IT 支撑、人才激励的管理体系。

尽管 7-ELEVEn 在日本一家独大，但是在北海道有一家便利店品牌，成为 7-ELEVEn 进驻北海道 40 年都没能打败的对手。这家便利店品牌名为 SEICO MART，从 1971 年起就开始经营，比 7-ELEVEn 还要早

三年，仅有 100 多家门店。但截至 2013 年年底，SEICO MART 不仅在北海道区域的店铺数量超过 7-ELEVEn，在日本服务产业生产性协议会发表的顾客满意度调查问卷中，SEICO MART 在便利店行业也已连续 3 年获得顾客满意度全国第一。

SEICO MART 选择的战略定位就是原创自有品牌商品开发，并且是从原料生产、成品加工、物流运输、门店销售等全产业链自营控制，依仗北海道地区农业优势和全程控制产业链来降低生产成本，SEICO MART 拥有了以蛋奶熟食为主的、超过 1000 种自有品牌商品，且性价比极高。SEICO MART 还为其他便利店提供自有品牌商品，从制造型零售业进化为品牌制造商。

SEICO MART 与 7-ELEVEn 选择的战略不同，结局也不同。SEICO MART 选择了全产业链重资产自营模式，而 7-ELEVEn 选择的是生产制造、物流、加盟门店外包的轻资产模式。这样 7-ELEVEn 得以轻装上阵在全国快速扩张，而 SEICO MART 就只能偏安一隅了。但日本人的价值观比拼的不是企业规模大小或财富多少，而是企业能活多久，成为百年老店是日本人最骄傲自豪的地方，SEICO MART 至少目前寿命比 7-ELEVEn 多活了 3 年，也算是比 7-ELEVEn 成功的地方吧。

职能战略

在确定公司的战略定位后，就可以确定各个部门的职能战略了。一般公司战略指的是公司大方向的战略，而职能战略指的是为了贯彻公司战略，各个部门应该采取什么样的部门战略。

我所咨询服务的大多企业都无法理解职能战略与公司战略的关系，很多部门的负责人也并没有完全想明白自己部门的职能战略是什么？甚至有些高管认为战略一词太虚了，战略不应该是部门层级负责人考虑的事情，而应该是老板或 CEO 要思考的，与其花时间在战略规划上，还不如多花时间在工作实践上。

具有这样狭隘思想的高管并不在少数，只能从他们的意识改革开始，教育他们战略是一切成败的起点，战略是决定要做的正确的事情，而运营则是把事情做正确，两者的格局完全不同。如果战略方向错误，则所有的运营努力都是白费。在错误的战略下，极致的运营只会导致方向偏离得越来越远。

从一个部门员工花费的工作时间统计，就可以看出他们的职能战略。大多数部门并未将时间花费在最重要的事情上，而是花在看似琐碎的事情上。下面从精益零售的角度来解释各个重要职能部门应该具备的职能战略。

1. 商品部职能战略：原创商品开发及建立协同商品开发体制

开发出具有差异化的畅销商品绝不是由商品部一个部门决定的，由于商品部门距离门店销售一线较远，往往无法听到顾客真实的声音，这就要求商品部组织协同供应商、销售部共同成立团队 MD 商品开发小组，定期召开商品开发会议，确保从顾客到供应商的全价值链环节充分信息共享，协助供应商开发出畅销商品。

精益零售要求商品开发人员必须具有多年门店销售经验，他们对顾客的消费需求比较敏感，知道顾客的喜好，也知道商品畅滞销背后的原因，所以商品开发成功并不取决于商品开发人员个人的能力，而是团队 MD 协同商品开发体制。华为让一线呼唤炮火的商品开发理念也是要重视前线顾客的消费反馈。

2. 运营部职能战略：建立督导顾问团队培养门店独立经营的能力

零售业的运营督导职能大多是帮助门店提高销售技巧，或者是检查门店的清洁卫生与管理是否违规，但并未真正从商品运营的角度帮助门店分析业绩不达标的原因，具体是哪些品类商品未达标，门店的商品结构是否合理，门店是否进行了精准订货，所订购的商品是否满足千店千面的顾客差异化需求。

精益零售要求运营督导必须从门店店长晋升而来，拒绝空降，督导职能从过去的督察转型为运营辅导职能，相当于管理咨询顾问，提供给门店的帮助并非直接指出门店的问题，而是帮助门店自己发现问题、分析问题、解决问题，从授人以渔而非授人以鱼的角度帮助门店学会独立经营的能力，这样门店才能慢慢培养成长起来。

3. 供应链部职能战略：与供应商价值共创确保产品品质、交期、成本最佳

一般供应链职能部门把时间精力花在与供应商的谈判、品质检验、订单交期跟踪上。这样的职能战略下，供应链部门与供应商的关系会比较紧张，因为彼此之间是零和游戏，零售商压低采购价格可以获利多些，而供应商的获利就会少些 ，反之供应商获利多就会造成零售商获利少。供应商没有安全感，随时担心零售商会移情别恋。

精益零售要求零售商与供应商结成战略联盟，就像婚姻一样稳固，彼此之间不用担心尔虞我诈，彼此敞开心扉依据顾客能接受的商品定价，倒推商品的原料成本、加工成本、物流成本，从而双方分得彼此应该获得的收益，彼此之间并非从对方虎口拔牙，而是共同服务好顾客，从顾客那里获得辛勤劳动所得的报酬。这样的婚姻关系也可以称之为价值共创。

4. IT 信息部职能战略：负责支持业务经营、系统经营与数据经营

IT 信息部门职能战略最容易陷入一个误区，一般担任 CIO 的都是 IT 技术出身，他们偏技术思维，认为技术是万能的，只要业务部门提出需求他们就能够开发实现，从而被动地等待业务部门提出需求再通过技术开发实现。结局大多不会太好，因为业务部门的需求往往自己无法准确进行结构化表达，业务部门是艺术思维，而 IT 信息部门是数理逻辑思维，这就使得 IT 信息部门技术人员听不懂业务部门的语言，造成“鸡同鸭讲”的局面。

精益零售要求 IT 信息部门必须下沉到业务活动中，站在顾客的立场思考，这里的顾客就是指业务部门，成为业务部门的 IT 购买代理人，通过了解甚至比业务部门更加精通业务流程，才能发现业务流程中的不便之处，从而产生对 IT 系统的需求，然后形成 IT 需求分析文档与业务部门确认，这时业务部门往往会惊叫道:“这就是我想要的 IT 系统画面”。这样的 IT 行为就可以称为 IT 经营了。

5. 人力资源部职能战略：负责支持业务经营、企业文化打造、人才培养与知识创造

人力资源部门也会陷入一个误区，认为人力资源的主要工作就是招聘、培训、薪酬、绩效、企业文化活动组织等人事工作，对业务关注度过少。对企业文化的宣传也只是停留在墙上看得到的地方，对员工人才培养与成长关怀并不够。

精益零售要求人力资源管理人员最好也是从一线业务晋升上来，这样人力资源才能最熟悉业务流程，更好地服务于业务部门的招聘、人才培养、培训等工作。华为与阿里巴巴的人力资源部门就相当于企业的政委，并且是下沉到业务线的，激发业务人员知识创造能力。人力资源部门应该要培训业务部门一些人力资源管理的知识，与业务部门融为一体。这样的人力资源行为就可以像 IT 经营那样称为人力资源人才经营了。

6. 财务部职能战略：负责支持业务经营、计划预算、经营分析与绩效评价

财务部门的主要工作分为财务会计与财务管理，大多数财务人员从事的是财务会计工作，主要是做好公司的财务核算等工作，以及财务管理工作，从经营计划、销售预算、费用预算、成本控制等进行企业经营管理分析与控制。

精益零售要求财务部门也要下沉到业务线，精通公司的业务流程，这样才能更好地为业务部门服务提高运营效率，而不是过多地从内控安全出发阻碍业务流程的运营效率。这样的财务行为就可以像 IT 经营那样称为财务经营了。

Step4
组织变革：应对变化的组织架构

当各个部门的职能战略明确后，就可以思考现有部门的组织职能及岗位职责是否符合新的部门职能战略，如果不符合就需要进行组织变革，因为很多职能是从无到有完全创新的，所以这里用了“变革”一词。良好的组织架构设计意味着事半功倍。

互联网行业发展比较快，调整组织架构的频率也远远高于实体零售业，而且互联网行业敢于试错，风险较大时会整建制地将某个业务线砍掉。而实体零售业虽然组织架构缺乏一定的灵活性，但比较稳健，抗风险能力也高于互联网行业。这也许就是事物的两面性吧，有利就必然有弊。

科学的组织架构设计需要先梳理出各个部门应该具有的功能，然后进行现状诊断分析，并寻找现状与应有功能之间的差距，通过差距分析就能得出部门的业务变革主题，从而汇集全公司共同的重要变革主题，推动公司的业务变革与组织架构变革。

过去零售业的运作是以总部为核心推动其他部门工作，而精益零售业的运作是以门店为核心拉动总部的服务支持工作。这里我们可以参考一下日本 7-ELEVEn 的组织架构图。

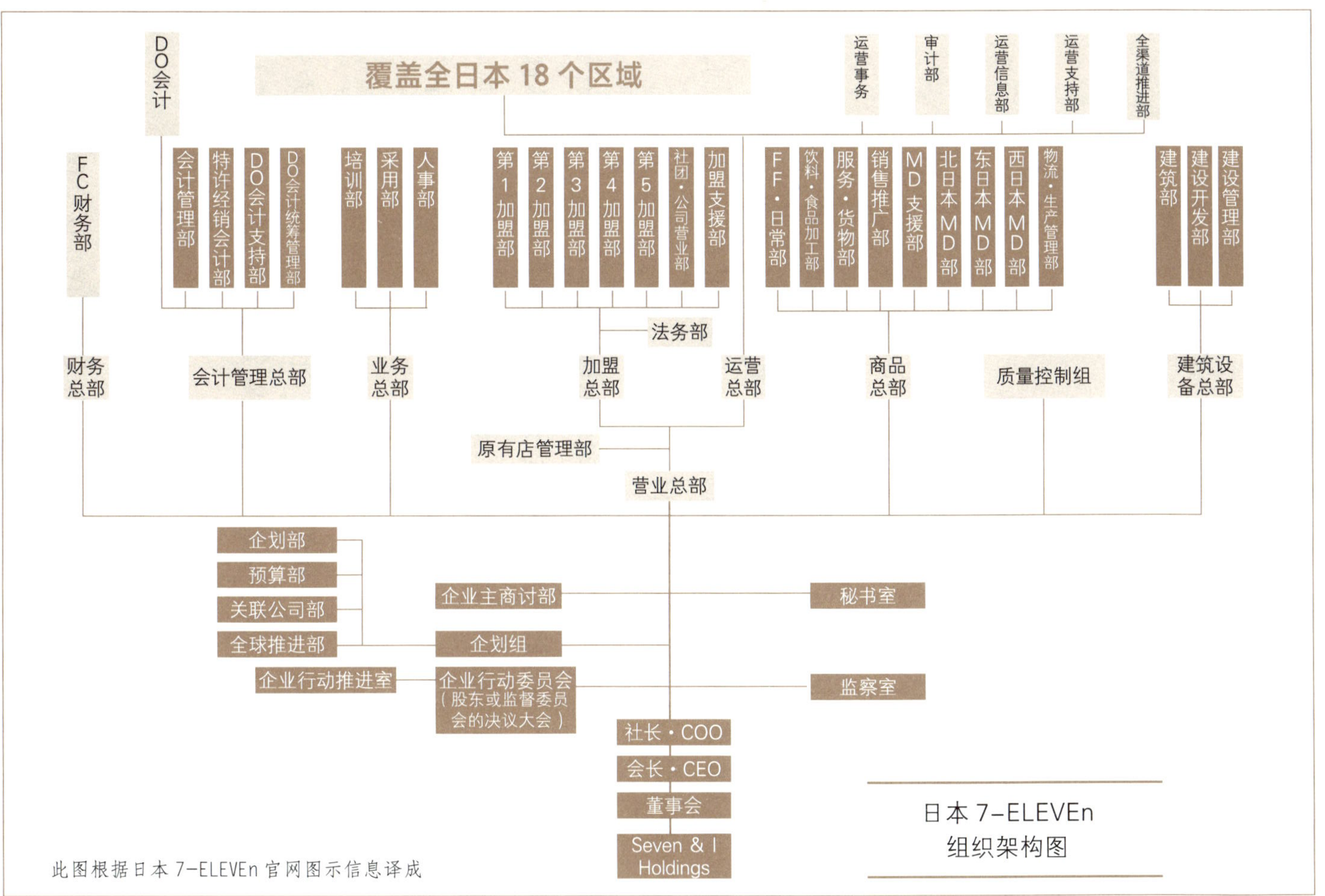

日本 7-ELEVEn 组织架构图

此图根据日本 7-ELEVEn 官网图示信息译成

据图可知，日本7-ELEVEn以会长为首的管理层都是为基层服务的，同时也说明总部的管理干部都是从门店一线晋升而来的。倒置的组织架构也在提醒总部的管理干部不要忘了曾经在一线战斗的生活，时时为门店着想，将门店视为企业经营的主角，以门店为起点开展总部的业务工作。

中国、日本、美国零售业组织架构中的商品部与销售部的地位也不同。由于中国、美国是重销售轻商品的业务模式，信奉的是将普通的商品努力推销出去，因而销售部是全公司最重要的部门，CEO一般都是从销售部门晋升而来。而日本是重商品轻销售，信奉的是将产品打磨成极品吸引顾客慕名而来，商品部是全公司最重要的部门，社长一般都是从商品部门晋升而来。

日本7-ELEVEn的前社长铃木敏文退休后，接替其职务的就是原来商品部部长井阪隆一（现任日本7&I控股股份有限公司的会长）。可见7-ELEVEn有多么重视商品的开发，原创商品开发也就成了7-ELEVEn差异化竞争的武器。

应有功能

先建立应有业务功能的假设，运行一段时间后验证应有功能是否理想，再不断地假设—验证，持续改善。在整个精益零售运营体系中，应有功能假设是最为关键的环节。企业创始人的经历、格局、认知、眼界都会限制自己的想象空间，如果无法对各个部门应有功能进行假设，那就要参考学习行业标杆企业的做法，或多研究外部管理咨询公司的研究报告。

企业必须找到可以对标的行业标杆，如果同行业没有对标的企业，可以跨到其他行业，寻找具有相同模式的企业对标。例如，万科在企业发展的早期阶段一直对标的是美国最大的房地产企业，随着中国房地产的突飞猛进，美国房地产的成熟化增长乏力，万科成长为中国第一房地产企业后（事实上已经是全球最大的房地产公司），这时候它已经没有可以对标学习的企业了。于是万科转而向丰田汽车学习精益制造，把房地产当成制造业那样进行精益生产，使万科盖房的速度像制造业的生产流水线那样快速。然后又学习花旗银行的服务流程，使得万科的物业服务全国第一，有很多人买万科的房子并非看中万科的房而是看中万科的物业服务。

零售业也可以参考 7-ELEVEn、优衣库、无印良品、Zara 等行业标杆企业的做法，并对标各部门的核心职能建立自己企业的各部门应该具有的业务功能、系统功能与数据功能的假设。另外，也可以对标学习华为的管理体系、IT 管理架构、人才激励等建设方法。

作为精益零售研究的商品部、运营部、供应链部门应该具有以下业务功能假设。

商品部应有业务功能假设

商品部最主要的职能是原创商品及服务的开发，并负责商品全生命周期的运营。商品部相当于军队的参谋，也相当于人体组织的大脑。

商品部应有的业务功能包括历史数据分析、顾客生活行事历研究、商品销售规划、商品开发计划、商品开发实现、商品陈列管理、营销促

销活动、商品构成管理、信息收集与发布等。

商品部的权限极大，可以说商品部需要对一个商品从生到死的全生命周期负责，上架、下架、翻单、促销、调拨、清仓等等全部由商品部进行规划与管理。

运营部应有业务功能假设

运营部最主要的职能是打仗执行，一方面贯彻落实总部的政策，另一方面收集门店顾客的需求，是顾客与商品部之间的沟通桥梁。运营部相当于人体组织的四肢。

运营部应有的业务功能包括销售目标管理、销售运营计划、信息收集与营销、总部政策贯彻与指导、订货支援管理、商品构成与门店氛围制作、商品管理与在库管理、人才教育培养、门店管理与制度管理、经营数据分析等。

运营部的功能比商品部要复杂，运营部具有商品运营与销售运营两大职能，一方面要培养运营团队的销售能力，另一方面还要培养运营团队的商品运营能力。门店的店员不仅要懂得销售，还要精准订货或协助总部精准补货、平衡门店的商品结构，做到门店不缺货不积压。

至于商品部与运营部的绩效评价如何区别。一般来说，门店整体业绩不达标，绩效责任归店长及运营督导，如果是某个商品业绩不达标，绩效责任归负责该商品开发或引进的 MD。

供应链部应有业务功能假设

供应链部最主要的职能是保障后勤供应，相当于军队的军需物资后勤部门。

供应链部应该具有的业务功能包括：采购预算管理、采购计划管理、供应商寻源、商品采购管理、供应商管理、仓库收货管理、仓库发货管理、仓库商品库存管理、物流配送管理、经营数据分析等。

供应链主要保障商品采购成本低、商品品质好、商品及时交货，而最重要的工作是要做好以未来的商品上市时间为起点的假设，倒推每一个商品应该到货的时间、生产的时间、下单采购的时间、商品设计的时间、商品企划的时间。这样在真正执行供应链日程时就可以验证与当初假设的时间是否一致，无论提前还是延误都是不被允许的，时间提前意味着商品提前入仓导致仓库没有存放面积，时间延误意味着商品迟滞入仓造成门店缺货。

其他部门应有业务功能假设

按照上述商品部、运营部、供应链部建立的应有业务功能假设的逻辑，也可以建立 IT 信息部、人力资源部、财务部及其他部门的应有业务功能假设，这里就不一一赘述。

IT 信息部门的应有业务功能假设是推动公司的业务改革与系统改革，而不是将主要精力放在 IT 技术实现上，甚至将 IT 技术实现外包即可，IT 信息部主要是将自己的业务与商品、运营、供应链等业务融在一起。

人力资源部门的应有业务功能假设是推动业务部门的人力资源建设，培训业务部门的领导力与人才培养能力以及员工的知识创造能力，将企业文化植根于公司全员内心而不是部署在公司文化墙上。

财务部门的应有业务功能假设是推动业务部门的财务经营意识，培训业务部门经营计划、销售预算、成本节约等方面的意识和能力，将财务与业务一体化运营。

对于管理支撑职能部门来说，财务部门负责人 CFO 是最有可能成为 CEO 的，因为财务部对公司战略、业务模式、创新投资等最为熟悉。

现状诊断

理想很丰满，现实很骨感。应有功能假设总是那么理想，而现实却总是那么残酷。

在完成各部门应有业务功能假设后，就可以分析各部门当前存在的问题并进行课题定向，即正确地界定问题或课题，而不至于被问题的表象蒙蔽，找出问题或课题背后的原因，并给出解决方案。这里的课题并不一定是问题，有可能是员工希望公司能改善的地方。

凭借多年的咨询实战经验，我可以在很短的时间内通过调研客户不同部门的员工，快速发现各部门的问题及不合理的地方，但是客户的员工每天按部就班、一如既往地进行工作，完全没有意识到问题的存在。直到我将问题抛出来，并分析问题的原因、危害，他们才恍然大悟。

这就是管理咨询顾问必备的素质，即发现问题、分析问题、解决问题的能力，这样的能力需要时间及大量的管理咨询项目锻炼，并非一朝一夕就能培养出来，但也并非难到无法训练、复制。只要掌握了事物的本质，进行大量的结构化思维训练，就可以锻炼出发现问题、分析问题、解决问题的能力。

世界上没有一家公司不存在问题。每一家公司都会存在这样或那样的问题，只不过问题的轻重缓急不一样。

可以把事情分为四类，按处理的优先级排序分别是：重要紧急、重要不紧急、紧急不重要、不紧急不重要。伟大的公司会先做重要的事，平庸的公司会先做紧急的事，这就是伟大公司与平庸公司的差距。

有些人无法分清重要的事情与紧急的事情，最后都会陷入紧急事情优先的误区里。打个比方，磨刀就是重要的事情，砍柴是紧急的事情，磨刀不误砍柴工，要先做磨刀的事情，再做砍柴的事情。读书学习是重要不紧急的事，但不能因为日常工作繁忙就耽误了学习充电的时间。

华为在 1998 年非常困难的时候还请管理咨询公司提升企业内部的管理，而管理是重要但不紧急的事情，日常研发、销售工作都是紧急的事情，任正非能将日常研发、销售工作让步于管理咨询项目，甚至开除了一些不支持管理咨询项目的高管，这就是华为成为伟大公司的背后发展逻辑。

很多企业高管创业成立的管理咨询公司，最后都以失败告终，原因就在于他们缺乏管理咨询顾问必备的问题诊断技能。他们往往沿袭过去大公司成功的经验为小公司进行管理咨询辅导，但小公司的业务复杂性

及组织功能完备性都无法与大公司相比，所以大公司的经验是无法套在小公司身上的，这也就可以解释为什么有些大型公司工作多年的部门高管在为一些小公司提供管理咨询时并未取得很好的咨询效果。

发现问题

具备发现潜在问题、分析问题的能力远比制订解决问题的方案更加重要。咨询顾问不应该直接将标杆企业的成功做法强加给咨询服务的公司，而应该深入服务的公司基层一线实践，而不是只通过各个岗位职能的人的访谈就对问题的呈现下结论，应该要直接参与业务活动实践。对于资深的咨询顾问，如果只专注于一个行业的话，基本上通过访谈就能快速发现问题，对于资历较浅的顾问，或者是一个完全陌生的新行业，最好的方法就是深入一线，这样就能发现真正的潜在问题或隐藏很深的问题。

丰田汽车发现问题的原则很简单，就是连续问 5 个为什么，就能“打破砂锅问到底”找到答案。当然这也并不一定适用于所有的问题，制造业最关心的是如何消除生产浪费，而零售业最关心的并非是多余的库存，而是因为缺货造成的机会损失。如果要找到真正的问题，还是要打开自己的认知，多储备行业相关知识，多与行业专家交流，千万不要假想自己是万能的，不同专业领域的专家用其一生去研究自己的专长，而企业主则要应对商品开发、销售、生产、物流、IT、HR、财务等众多的专业领域，因为一个人是不可能储备所有专业知识的。

分析问题

当发现问题后，就要分析问题产生的原因，导致问题发生的影响因素有哪些。透过现象看本质，但往往是外行看热闹，内行看门道。在分析问题时，首先要把问题进行分类，找到事物发展的本质规律，才能找到问题的真正原因。精益思想的本质是消除浪费、创造价值，而精益零售的本质是应对变化、创造需求。零售业最大的问题是顾客需求越来越复杂多变，如何应对变化、创造而不是跟随顾客需求才是零售业急需解决的问题。

如果把沃尔玛、家乐福、Costco、7-ELEVEn、优衣库、Zara、无印良品进行分类的话，一般人会按照零售业态分类，分为超市业（沃尔玛、家乐福、Costco、7-ELEVEn）、服装业（优衣库、Zara、无印良品）。但我却会从原创商品开发销售额占比的属性来分类，分为零售业（沃尔玛、家乐福、Costco）、制造型零售业（7-ELEVEn、优衣库、Zara、无印良品）。超市业与服装业的价值链完全不同，零售业与制造型零售业的商业模式、战略定位、组织架构、管理架构也完全不同，这样分析问题的背后逻辑也就会完全不同。精益零售是以制造型零售业的经营模式为原型展开的，而制造型零售业又是未来零售业的发展趋势。可以说，精益零售是以终为始、从未来出发研究出来的成果。

解决问题

解决问题其实最简单，只要按照后文的差距分析就能轻易制订解决问题的方案。中国生产制造的水平已经越来越高，零售业互相比拼产品的品质及价值已经不是首要问题了，首要问题是如何才能应对变化、创造需求。如何解决呢？那就需要企业掌握精益零售运营体系三大支柱、四个要素、五项原则、九大模块，才能创造出顾客的新需求。

但中国零售业与日本零售业的发展阶段、特点不一样，不能简单地照搬日本零售业经验。中国地域辽阔，不同城市之间的发展不均衡，在一线城市商业竞争已经非常激烈，在四、五线城市发展还很滞后，而日本无论是大城市还是小城市的发展比较均衡，不同行业间收入差距也不明显，消费趋于统一化，而中国贫富差距大，消费者收入不均衡导致了消费行为是分层的，无论是互联网电商还是实体零售店，都会有与之相适应价格带的消费群体。

一个企业如果要永远持续地发现自己的问题、分析问题、解决问题，最好的做法就是长期聘请专业的管理咨询公司服务，或自己成立内部的管理咨询组织，一方面他们具备专业知识，另一方面他们具有第三方中立的立场，不会牵涉到有问题的相关部门利益。日本 7-ELEVEn 就有常年的管理咨询及 IT 系统服务机构为之服务，企业与企业之间的专业分工与协作可以使得企业运营效率最大化。事实上，整个日本已经进入到高度专业化分工的社会，每个企业只做自己擅长的业务，将不擅长的业务外包给更专业的其他服务公司。

差距分析

各部门针对现行业务诊断分析结果与应有功能假设之间存在着不小的差距，那就要进行差距分析，并分析产生差距的原因，提炼出各部门的变革主题，最后汇总成全公司的变革主题。

如何寻找差距取决于对行业标杆企业应有功能的认识程度，例如日本 7-ELEVEn 商品部对商品研究的内容比较深。日本 7-ELEVEn 的商品开发人员除了要知道商品的卖点外，还要站在顾客的立场思考顾客使用商品的便利性，如桃子放在冰箱里冷藏 3 个小时后口味最佳。如果天气预报未来 2 天有暴风雪，商品部会提醒门店不要急于采购汽车防滑链，从顾客的消费心理来分析，顾客认为为期 2 天的暴风雪忍忍就过去了，用不着采购防滑链；但如果天气预报未来 5 天都有暴风雪，商品部会提醒门店要准备采购汽车防滑链，因为顾客忍受不了那么长的恶劣天气。

类似的商品知识，都是总部商品部需要掌握的知识，即如何站在顾客的立场，认真思考方便顾客的商品。扩大到其他行业，如服装业的商品买手需要将每件服装设计的理念、材质、卖点、穿戴搭配等信息准确、及时地告知门店；制造业的商品部应将足够多的商品知识告知经销商，让经销商为顾客提供更好的商品服务。

事实上，日本 7-ELEVEn 创始人铃木敏文是心理学专业出身，他把心理学、统计学应用于零售业，所以 7-ELEVEn 的每一个部门尤其商品部、运营部一定要研究顾客的消费心理，站在顾客的立场思考、成为顾客的购买代理成为 7-ELEVEn 最核心的经营理念。

从日本 7-ELEVEn 商品部对商品的研究深度就可以看出中国零售业与之差距巨大，但由于中国零售业、互联网电商业整体经营方向都是跑马圈地、以速度换规模，过于精细化管理并不一定是早期发展的最佳商业模式。企业在不同发展阶段应该选择最适合自己发展的商业模式，但差距分析可以提醒自己应该在何时弥补自己的不足。

通过标杆企业研究就可以发现自己企业的差距，针对零售业的各部门进行差距分析如下。

商品部差距分析

零售业商品部的现状一般来说比较简单，大多行使的是采购或买手功能，而没有从消费者的日常生活出发，联合供应商共同开发消费者喜闻乐见的商品，商品更新的速度较慢。另外关于商品的特点、卖点描述得也不清晰，与商品的销售动向相关的信息也没有及时发布到门店，造成门店与总部的信息共享非常缺乏。

商品部单方面进行商品引进或开发，与供应商及销售部门没有建立联动机制，由于得不到销售部门的及时反馈，导致商品部只能闭门造车。在卖方市场时，如果只看看历史数据是可以帮助进行商品开发的，但在买方市场时，顾客需求变化很快，有时候历史数据的参考就不一定能有用了。

运营部差距分析

根据精益零售的四个要素：亲切服务、清洁卫生、商品新鲜、商品适销，就可以发现门店的问题。目前中国零售业的门店主要职能基本上是以销售技巧推销为主，对于围绕来店顾客的不同设计不同商品结构的能力非常欠缺，对于商品生命周期分析及单品的畅销、滞销原因分析也不够，IT 系统的数据分析功能也较弱，因而在订货、补货方面的能力较弱。

另外，督导的职能也比较简单，目前中国零售业的督导巡店基本上只是做现场合规性检查，而没有认真分析每家门店的商品结构是否不同，每个单品在不同门店的表现的原因。在顾客需求变化越来越短的时代，千店千面，如果没有做到门店个性化服务的话，则很容易被顾客抛弃。门店员工的流动较大也使得督导对门店的培训、人才培养至关重要。

供应链部差距分析

供应链一般是指采购谈判、生产、仓储、物流等环节。供应链在零售业中的地位普遍不高，当出现供货不及时的情况时最先被骂的就是供应链部门。但供应链效率的高低又决定了零售业的竞争力，现在无论是电商还是实体零售业都一致认为供应链才是零售业之间竞争差距，但这里有一个误区，即大多数人并没有理解到完整的供应链是包括商品开发与生产供应一起的，即脱离了商品企划与研发的供应链环节是不完整的。

因此，供应链最大的现状问题就是不能与需求链进行联动，需求链是指运营环节中的督导与门店如何能及时地发现顾客的需求所涉及的环节。决定企业之间的差距往往并非是采购、生产、仓储物流环节的供应链，而是商品企划与研发环节，即如何保证供应链与需求链时时联动才是当前最重要的问题。

造成供应链供货不及时的原因有很多，除了少量的因素是因为供应商能力不足造成的外，大量的因素是因为供应链前期的商品企划阶段的协作不力造成了延误而影响到后续的生产环节。

其他 IT 信息部、HR 人力资源部、财务部差距分析

其他 IT 信息部、HR 人力资源部、财务部的现状分析逻辑与商品部、运营部、供应链部是一样的，因为有先前的应有业务功能假设的参照，所以很容易发现这些部门的问题与不足。如果没有标杆企业的应有功能对标，一般从事 IT 信息、HR 人力资源、财务的负责人还认为他们的工作做得不错，业务部门如果有意见的话也不认为是自己部门的问题，而是业务部门不配合的问题。

其实，不管业务部门与 IT 信息部、HR 人力资源部、财务部等管理支撑部门发生什么样的问题分歧，IT 信息部、HR 人力资源部、财务部都要主动站出来查找问题、分析问题，最后和业务部门一起来解决问题。因为业务部门是顾客的购买代理，也相当于是管理支撑部门的顾客，那么，站在顾客的立场思考，勇于承担问题责任，帮助业务部门分担业务压力是管理支撑部门应尽的责任和义务。

Step5
管理架构：以 52 周 MD 业务为支撑

精益零售最核心的是第五步管理架构。不同行业的商业模式会决定不同的管理架构，互联网行业的商业模式是以用户数决定其估值，哪怕是持续亏损，其管理架构是围绕用户数增长来展开的；传统零售行业的商业模式是以采购代理和卖货为主，其管理架构必然是重渠道销售轻商品开发；而制造型零售业的商业模式是生产与销售协同运营，战略定位是原创商品的开发，其管理架构必然会极其重视与供应商协同进行原创商品开发的架构。

在研究 7-ELEVEn、优衣库、无印良品、华为后，我发现他们都属于制造型零售业，具有相同的管理架构，无论是商品开发、销售运营还是供应链物流管理基本是相同的，精益零售运营体系的管理架构也是在参考了 7-ELEVEn、优衣库、无印良品、华为的管理架构后总结而成的。同时也是受华为搭建其管理架构、流程与 IT 支撑的管理体系的启发，华为的成功是因为搭建了强大的 IPD 集成产品开发、ISC 集成供应链、IFS 集成财务转型等管理架构，而华为搭建这些管理架构也是花费了十多年的时间。

对于非零售行业的企业，例如制造业、服务业、互联网业等其他行业的管理架构可以围绕自己的商业模式与战略定位来展开搭建，也可以参考所处行业的标杆企业的最佳管理架构实践，从而搭建出最符合自己企业的管理架构。对于没有标杆参考的新零售模式，就只能依靠自己摸索出一套符合自己实际的管理架构。

也有企业认为自己就是行业的龙头企业，已经找不到对标的企业，那就多学习一下华为。华为几乎已经是全球通信行业的老大，但任正非仍然认为华为的管理太薄弱，华为的人时效率（每个人每小时生产率）并不高。华为有一个床垫加班文化，即在办公室加班到深夜直接就睡在公司，华为的业绩是靠中国人的勤奋努力而并非管理效率换来的，因此任正非才极力学习西方国家的先进管理及日本的精益管理。有管理学者说中国互联网的管理并不好，只不过中国大多数互联网实行的 996 作息制，通过资本注入、规模扩张、烧钱引流等手段掩盖了因为管理不足造成的人效浪费。

管理架构与组织架构的区别在于，管理架构是根据业务架构来决定的，什么样的业务架构就会决定什么样的管理架构，业务架构又取决于商业模式与战略定位。而组织架构是根据管理架构决定的，无论组织架构怎么变化，管理架构是比较稳定的，不会因为组织职能的变化、部门及人员的变化而变化。管理架构是企业在长期实践摸索过程中总结出来的最佳运营架构，不会轻易改变的。

那能不能跳过管理架构，直接从业务架构来决定组织架构呢？由于业务架构会让管理层陷入一个误区，即业务经营大于管理，而导致组织架构的设立过程中重业务经营轻管理，实际上管理与业务经营的关系是互补的，一般管理层都是从一线业务经营晋升的，业务经营要服务从于管理，管理要服务于业务经营，如果管理层都冲到一线充当特种兵的角色，固然能救一时之火，但却无法把团队培养起来，自己累得半死却后继无人。

在我服务过的企业中，就存在从一线摸爬滚打晋升上来的总经理，并未完成从业务经营向经营管理的角色转变，喜欢冲到一线帮助一线部门解决紧急问题，但却并未培养出一线部门独立发现问题、分析问题、解决问题的能力，一旦高管撤离后，这些一线部门在面临新的问题时又会束手无策，事事都要向总经理请示汇报了。

因此，管理架构设置的目的是让管理人员从业务架构中总结提炼出最佳的管理方式，并设立相应的组织架构，使组织架构是因事设岗而非因人设岗。这也是为什么华为内部聚集了那么多高智商的精英人才，他们的业务架构非常领先、成熟，但却因为运营效率低下，需要引入先进的管理架构，让业务运营高效起来，于是请 IBM 为之设计了 IPD 集成产品开发、ISC 集成供应链等先进管理架构。

受华为的启发，精益零售也应该总结出相应的管理架构。现从商品管理、运营管理、供应链管理三个方面描述管理架构。

团队 MD

在卖方市场时代，商品部习惯于供应商推荐商品，零售商进行采购谈判，是按照生产供应商节奏进行商品引进的。零售商其实没有商品开发的概念，只有商品采购。而制造型零售业的商品管理架构其实不是采购或买手的概念，而是如何从消费者日常生活出发，洞察顾客的潜在需求后进行商品销售规划，再进行商品企划开发实现。

因此，精益零售的商品管理架构就要求商品部负责商品开发、营销、促销、淘汰等全生命周期的管理，并针对不同地区顾客消费特点设置地区 MD 商品开发专员。

团队 MD（Merchandising 商品销售规划）包含产品规划、市场推广计划、供应（研发、设计、生产、订货）、终端门店的产品呈现、实际的销售过程把控、商品配发及库存管控、终端销售数据的分析反馈，再回到产品规划部分，这是一个完整的不断循环的过程，企业在落地执行的过程中，不断得到终端的反馈信息，在每一次的规划决策中，不断地优化分析过程，修正分析结果，最终使商品规划团队成员具备针对市场的精准规划能力。

下面是完整的商品运营管理架构。

1. 商品销售规划

根据信息收集、市场调研、52 周顾客行事历以及历史销售数据分析，编制 52 周商品销售规划。

2. 建立假设

建立符合商品特点的销售规划，明确客户类型、适用门店、价格、销量等。

3. 商品企划、研发或采购实现

根据销售规划与假设寻找合适的供应商建立团队 MD 商品开发体制，并编制 52 周商品开发计划，然后研发商品及生产实现。

4. 价值传递

商品部将商品的卖点、功能特性总结成门店可销售的话术、陈列方案、订货起订量建议等信息发布给运营督导与门店，督导再进一步给门店培训指导。

5. 销售验证

编制 52 周商品销售计划、52 周商品促销活动计划，新品上市销售后每周、每月跟踪分析每个品类销售预算达成情况及单品的销售动向，找出畅滞销的原因，制订促销、营销方案，并将结果反馈到商品部，作为下一批商品迭代开发的依据，持续改善。

在以上五个环节中，一般零售业的管理架构主要只是做了第 3 步的工作，即商品企划、研发或采购实现，而对第 1、2、4、5 步四个环节做得不够。如果在商品开发过程中不建立假设—验证的习惯，就无法得知所开发的商品与理想中的商品存在什么样的差距。

有些新商品虽然销售得不错，或许经过努力能卖得更好；有些新商品虽然销售得不好，或许其本身销售的量就不应该太多，因为这样的商品只是为填补空缺的商品结构，满足少部分人的功能性需求。

世上并没有天生的商品开发专家，也没有谁敢断言其新开发的商品就一定能成功，在消费需求越来越多样性的时代，商品生命周期也越来越短。总部商品开发人员远离销售一线，很难听到顾客真实的声音，从门店收集的顾客反馈信息也不能及时传递到总部商品开发人员。

但只要不断地假设—验证，就可以提高总部商品开发及门店精准订货的成功率。假设—验证反复使用是可以精准预测顾客的潜在需求的，这也就是日本 7-ELEVEn 缺货率仅十万分之七的制胜法宝，假设—验证并非什么秘密，只要反复操练即可。

对于中国零售业来说最缺乏的就是计划，或者是说只是做到了月度计划，很难做到周度计划，或者是有了计划却没有及时执行、反馈，也就无法找到计划与实际的差距、原因分析，以及问题的解决对策。这就是戴明博士的 PDCA 循环，而团队 MD 最核心的就是计划。之所以服装零售业的计划比超市业、餐饮业、专卖业做得都要好，是因为服装零售业的库存就是最致命的威胁，多余的库存在第二年销售时只能打折销售。所以，服装业一定会根据当年的开店计划、关店计划、销售计划来反推 MD 商品开发计划、VMD 陈列计划、折扣预算计划、营销活动计划等。

督导运营

运营部负责销售业务执行，督导的主要职能是帮助门店提升独立零售经营能力，贯彻总部的政策，负责门店与总部的双向信息沟通。

运营管理的架构可以参考 7-ELEVEn 的运营管理架构：

日本 7-ELEVEn 每 7~8 家门店会配置一名 OFC（Operation Field

Counselor）区域运营督导，与中国零售业设置的督导以监督检查为主不同的是，OFC 相当于一名管理咨询顾问，主要责任是帮助门店提升经营水平，培养门店独立经营能力。要成为一名 OFC 也不容易，需要从门店实习生一步步晋升至店长后才有资格被提拔为 OFC。由于 OFC 一般比较年轻，而加盟店主往往经营门店多年，有些年纪较大经验比较丰富的加盟店主瞧不起年纪轻轻的 OFC，这就逼迫 OFC 更努力工作，认真学习，只有成为优秀管理咨询顾问才能发现门店经营的问题，从而为门店提供令人信服的管理咨询建议。

日本 7-ELEVEn 规定每周要在总部召开 OFC 大会，门店规模超过 2 万家后改为两周一次。全国 2000 多名督导每周二上午要参加 OFC 大会，在会上铃木敏文一般会演讲 1 个小时，每次讲解的核心思想大致相同，就是当今的时代已经发生了很大的变化，把商品摆在货架上就能销售的时代已经一去不返了，我们要时刻站在顾客的立场上思考，成为顾客的购买代理，挖掘出顾客的潜在需求，彻底贯彻单品管理、假设—验证、活用数据信息以及门店的四项基本原则（亲切服务、清洁卫生、商品齐全、商品新鲜），才能应对变化。但是铃木敏文每次 OFC 大会都能举出不同的案例来佐证相同的基本原则，让 OFC 们觉得生动而不枯燥，同时也能牢记讲话并传递给门店加盟主。

对于日本 7-ELEVEn 这样庞大的督导运营体系，美国有些学者认为是一种社会资源的浪费，他们认为企业管理中，中层人员过多会使机构变得臃肿，应该去中层化，尤其是在通用电气等公司实施了去中层化后，既简化了企业流程，也提高了运营效率，这些学者更加认为日本 7-ELEVEn 也应该去掉这些 OFC 督导，在当今网络时代应该组织网络视频会议。而铃木敏文及日本 7-ELEVEn 的外部独立董事、一桥大学教授、世界知识创造之父野中郁次郎都认为有必要设置 OFC 运营督导，原因是日本是一个知识型国家，由于员工大多比较稳定，员工在工作中创造的知识才能帮助新员工成长。

其实，虽然网络视频会议很发达，但 OFC 亲临现场聆听铃木敏文的演讲，身临其境全神贯注，而在家或在门店观看网络视频会议容易走神开小差。铃木敏文认为这种 OFC 会议是与员工的直接沟通，他认为如果只是跟 OFC 的上一级 ZM（大区经理）或 DM（小区经理）开周会的话，这些 ZM、DM 再转达他的思想给 OFC 督导一定会信息损耗。7-ELEVEn 也做过调查，即便 OFC 每周来总部参加会议，获得总部的指示再传达给门店，也有近一半的信息传递丢失，如果没有 OFC 运营督导的话，那门店就更加听不到总部真实的声音了。OFC 作为承上启下的中间层级，不只是传达总部的指令，同时也会收集门店及顾客意见反馈并及时提交给总部，便于总部及时获得一线现场声音从而改变总部经营决策。有意思的是，有媒体报道美国通用电气近年来经营业绩不佳，导致股价大跌，这或许是对那些建议去掉中层的美国学者们最有力的回击吧。

现在有些零售业把大量的钱投到 IT 信息化上，采用的是强总部弱门店的方式，门店基本上不参与订货，门店的商品由总部 IT 系统的人工智能、大数据补货算法来补货。但由于受外界天气变化以及商品生命周期变短的影响，人工智能与大数据补货的算法也很难适应外部环境的变化。

这样的做法可以称为 IT 自动化，虽然能够节省门店订货的时间，也可以减少一些督导对门店的指导时间，但最大弊端在于门店不能通过订货这样的行为了解顾客消费动向的变化，只是机械地进行上货、陈列、销售、收银的工作，也使门店的商品经营能力退化，这样的员工晋升为店长、督导后再调到总部进行商品、运营等工作是无法胜任关于商品全生命周期运营职能的，因为他们的能力只停留在销售运营而非商品运营。

因此，最好的做法是加强人关于商品运营的能力，同时也借助人工智能、大数据算法的提示，人 + IT 系统相结合，这样一方面可以做到门店订货省力化，另一方面还可以修正人工智能补货的缺陷，这样的行为就可以称为 IT 自働化了。不重视 IT 投资固然不好，但过于投资 IT 并非是要做到 IT 智能化，而是要激活人的知识创造能力，实现 IT 的灵活运用。

JIT 供应链

JIT（Just in time）即时化供应链来源于丰田汽车，指的是无库存生产的意思。活用到零售业就是要制订以门店为起点的 52 周协同商品供应计划，以终为始，从消费者需求出发建立拉式供应链，强调顾客需求链与供应链的联动。

供应链管理架构其实已经包含于商品管理的架构之中，7-ELEVEn、优衣库的供应链都是隶属于商品本部的，也就是说与供应链部门相关的采购、生产、仓库、物流都是商品本部下面的二级部门，从这个架构足以说明单独的供应链是很难运营好的，必须与商品部、运营部联合协同运营才能经营好。

以服装业的某一新商品上市时间为例，假如冬季服装上市时间是9月1日，那么规划冬季服装到店的日期设定为8月30日，有两天整理商品上架的时间，设定总部冬季服装到仓的时间为8月15日到8月20日，这样为总仓配送到门店预留10天的时间，出现供应商延迟交货或提前交货都是不允许的，延迟交货会影响门店上市时间，提前交货会导致仓库面积不够用而爆仓。设定冬季服装生产日期为6月15日到8月15日，服装备料时间为6月1日到6月15日。设定商品下单给供应商的时间为5月25日，设定商品企划与计划的时间为4月1日到5月10日，对上一季冬季服装的历史数据分析与原因分析的时间定为3月1日到4月1日。以上时间并不是某家公司的真实的时间，而只是假设的供应链流程的时间节点。这些时间节点都是从未来出发的，即从9月1日新品要上市的时间倒推到当下应该完成的工作任务，这样一旦哪些环节出现问题就能及时发现与预计的时间差异，从而及时发现问题，避免工作延误。

其实不管是服装还是其他季节性并不明显的商品，都面临着商品生命周期变短的事实，无论是家电、手机还是零食等日用快消品的生命周期都在变短，顾客的喜新厌旧心理会越来越强，因为互联网信息时代，顾客获得新资讯的成本很低，时间也很快，顾客的消费认知也会更新得越来越快，这样就逼迫零售商与生产商必须时时创新，加快新商品研发的频率。而从未来出发就可以很快地预见未来，建立未来顾客的消费心理假设，倒推当下应该完成的工作，这样能及时看到现实与假设的差距，从而及时发现问题、解决问题。

假设—验证也要用于供应链管理中，从假设与实际的差距中查找任务未完成的原因，从而得以持续改进，供应链效率的提升在无数次的假设—验证中进行修正。可以说假设—验证在一家公司里应该是无所不在的，这也是把假设—验证作为精益零售的三大支柱之一的原因。

丰田汽车生产方式创始人大野耐一在 20 世纪 80 年代也为日本 7-ELEVEn 导入过 JIT 供应链体系。日本 7-ELEVEn 的供应链管理架构值得借鉴，日本 7-ELEVEn 的生产、物流全部外包，大多数工厂为 7-ELEVEn 的专属工厂，这些工厂也随 7-ELEVEn 一起成长。7-ELEVEn 与这些工厂并没有资本关系，也不是买卖关系，而是共同进行商品企划与研发。7-ELEVEn 有 97% 的门店都是加盟店，所有门店向 7-ELEVEn 总部订货后，这些订单会自动分发到各个物流中心，物流中心将商品配送到门店后才完成了订单履约，也意味着 7-ELEVEn 才可以凭借这些验货单与供应商或工厂进行资金结算。在此之前，7-ELEVEn 物流中心的商品都不算是 7-ELEVEn 的存货，而只能算是供应商或工厂的存货。

这样的供应链管理架构大大提高了供应商或工厂的责任心与积极性，供应商要为他们的产品品质负责，如果商品不满足顾客的喜好，则门店就会少订货，影响供应商的结算金额。因而供应商非常关心 7-ELEVEn 全国门店的销售数据，7-ELEVEn 的信息系统也向这些供应商开放，每个供应商只能看到自己的商品交易数据。7-ELEVEn 也会向这些供应商收取一定的信息系统使用费，但费率很低，只是分摊一下信息系统开发与运维成本。但日本有些零售商居然把为供应商提供信息系统当成了赚钱的工具，对供应商收取的信息费较高，导致供应商怨声载道。

1991 年之前的美国 7-ELEVEn 采取的供应链管理架构就大为不同，美国 7-ELEVEn 总部与供应商或工厂签订合同后，如果向供应商下了采购订单，只要供应商将货物送至 7-ELEVEn 的物流仓库，就算完成了合同履约。这个模式下供应商只要跟 7-ELEVEn 的采购搞好关系即可，不用关心这些商品销往哪些门店，在哪些门店销量如何。甚至门店都不用参与订货，门店的补货工作是物流仓库发起的，这些仓库也是 7-ELEVEn 自己的仓库。

美国 7-ELEVEn 当时是收取供应商的进场费，自建物流仓库，甚至还建立了几个食品加工厂，门店不参与订货，由总部物流仓库自动配货到门店，最后就出现了物流仓库会给关系好的供应商多配货到店，而食品加工厂因为有自己门店稳定的订货单，生产的积极性与效率也不高。日本 7-ELEVEn 在 1991 年接手后，将美国 7-ELEVEn 的加工厂卖掉，将物流中心全部卖给沃尔玛，反过来又租赁沃尔玛的物流仓库，并将订货权交给门店，这样下来，门店员工自主经营的能力得到加强，而物流仓库按门店订货要求配送就无法与供应商勾结了，而食品加工外包给别的生产工厂后，别的生产工厂有生存危机感，生产的品质也比原先自有工厂要好得多，生产成本反而更低了。这些经营手法就是日本 7-ELEVEn 著名的与供应商协同的方法，不拥有任何一家供应商或工厂的投资股份，但却能充分调动工厂的积极性。

日本 7-ELEVEn 将所有的重资产全部外包，才有时间、精力和金钱投入构筑精益零售运营体系及 IT 信息系统，其本质上是一家管理咨询公司，通过搭建全价值链垂直整合的平台经营，建立与供应商、工厂、加盟商价值共创的信息共享机制，并为之提供管理咨询服务，共同为顾客创造价值，并共享收益。这就是 7-ELEVEn 能获得 20% 左右净利润的原因。 全家、罗森的加盟店向总部支取的加盟费并没有 7-ELEVEn 多，但正因为 7-ELEVEn 的盈利能力强，整个精益零售运营体系十分强大，大多数的加盟商还是愿意优先加盟 7-ELEVEn 的。

事实上，整个日本社会都进入专业分工时代了，日本企业不再以拥有土地、不动产为傲，反倒将投资倾注在科技知识开发与人才培养上。很多企业修建好总部大楼后卖给别的投资公司，反过来又租赁这些大楼，这样节省下来的资金可以投到生产、销售运营上。而中国零售业走的几乎是美国零售业的道路，也是要收取供应商进场费，喜欢自建物流仓库、自建食品加工中心、自建总部大楼、自建 IT 开发团队等，以致没有足够的资金投在产品研发与人才培养及管理体系建设上，导致企业竞争力停留在资源、规模竞争上，而失去了产品研发优势、人才优势、管理体系优势，也就很难完成精益零售转型了。

Step6
流程优化：业务、系统、数据三流合一

确定好战略定位、管理架构后就可以进行流程优化的工作了。不管是什么行业，无论是互联网行业还是实体企业，流程都存在于日常的工作程序中，建立流程型组织是为了将散乱的工作程序规范化、标准化、流程化。

如果没有经过战略、业务、管理架构的梳理，只是单纯将过去的工作程序流程化是没有意义的，也就是说在错误的管理架构下的流程优化只是让过去的散乱工作变得规范一些。不过，散乱的流程规范化也好过停留在人与人之间口头传递的工作沟通方式。有了流程标准化手册后才能指导一线员工的业务行为，一线员工在熟悉自己的业务后反过来又能进一步修改、提炼业务流程手册，业务流程标准化手册不是静态的，而是随着一线员工的工作技能上升不断进行优化的。企业的一线员工每天都要思考持续创新的业务流程，并经常对流程手册进行更新。

在进行业务流程优化时需要将组织中跨部门的业务通过流程横向串联起来，对于零售业来说，一定要构建以门店为起点的需求链与围绕供应商管理的供应链联动的全价值链流程，在流程中的各个节点所负责的部门及岗位都要视下一个环节为自己的客户，要主动、及时地将自己负责的流程执行完毕。

要建立流程型组织，企业内部就必须要有建立流程优化的部门，流程优化是一项非常专业的工作，一般企业是不具备这样的专业能力的，需要依靠外部专业管理咨询公司帮助建立流程体系。一般企业内部各部门都忙于现场业务活动，很难抽身拔高看公司整体的业务流程，而且也缺少结构化思维能力，而专业的外部咨询公司立场客观，结构化思维能力强，并且有为其他大型公司流程优化的经验，可以快速帮助企业建立流程框架与体系，并在流程诊断过程中发现问题。

有的企业虽然建立了业务流程，但并不是跨部门协作的流程，大多只是各个部门内部的工作指导手册或管理制度。各个部门之间的沟通需要开联络单，或通过部门主管开会协商解决，跨部门之间的协作并未通过标准流程进行沟通。这样的工作效率就会比较低下。还有的公司虽然建立了跨部门的流程，但却流于形式，只是纸上流程，因为业务模式经常在变，但纸上流程并没有及时更新，时间久了流程工作就没人管理了。

如果一个企业没有建立流程体系，至少会带来以下问题：

组织内部各部门沟通全凭个人关系沟通，人事调动会影响沟通效率。尤其是关键岗位工作多年的业务主管或业务骨干的离职会引起流程的断层。如果他们带走重要的资料，没有按流程全部交接，会导致公司以前的知识资产流失。

没有流程约束，流程的接收端总是被动地等待上一个节点的工作输

入。有时流程的上一个节点工作结束后并未主动推送给下一个节点，需要下一个节点来催促上一个节点时才能得到及时响应。流程与流程之间的接口没有被严格定义。

当引进外部咨询公司或IT系统公司时，由于没有可视化的流程体系文件参考，他们只能向各个部门进行调研，每来一家咨询公司都要重复问相同的问题，业务部门应接不暇。也就是说公司的知识资产没有被明确出来，也就无法复用了。

业务流程

业务流程最终是要建立以顾客为起点的端到端的业务流程框架，对于零售业来说最重要的是商品开发、销售运营、供应链的业务流程体系，且是跨部门协作、起于顾客、终于顾客的闭环，顾客满意度在不断的流程循环中逐步提高。

那么到底如何建立业务流程呢？建立业务流程的步骤如下：

首先，要成立一个常设的流程管理部门，可以是单独隶属总经理直管的部门，也可以是其他重要的部门兼任，这个部门负责人也应该是很重要的一级部门负责人。该部门只是负责流程的内部咨询与管理，而真正优化业务流程的应该是各个部门的负责人，并且流程要定期进行优化更新。对于设置了精益零售办公室的企业，可以将流程管理的工作放在精益零售办公室管理，流程部门人员编制根据流程优化的工作量大小进行调整。

其次，开始搭建流程框架，梳理出流程的分类、分级关系，如商品开发流程为一级流程，下面可以分为需求分析、商品企划、商品设计等二级子流程。需求分析下面可以分为市场调研、顾客研究、历史数据分析等三级子流程。供应链管理为一级流程，下面可以分为供应链计划、生产交付、物流运输等二级子流程。供应链计划下面又可以分为销售预算、采购计划、生产计划等三级子流程；销售预算下面又可以分为销售目标、商品计划、费用预算等四级子流程。销售运营为一级流程，下面可以分为门店管理、督导管理、总部运营管理等二级子流程。门店管理下面又可以分为销售管理、商品管理、店务管理等三级子流程。一般流程分为三级即可，对于比较长的流程分为四级、五级也行，但会增加流程管理的难度，对于三级流程无法清晰表达业务逻辑时，可在三级流程下建立操作规范、作业程序等子文件。

流程管理就像一棵大树一样，从树根可以自然生长延伸至树的各个分支，直至每片树叶。与大树不同的是，流程体系会呈网状结构，在不同的业务场景下，不同部门之间的不同岗位彼此存在跨部门的协作交互，这样的沟通比较频繁的话就可以制作成流程，而不必事事请示部门上级的领导，只要在约定的流程授权范围内去执行就可以大大减轻向领导汇报的压力。

最后，将流程中不同的岗位所负责的业务动作串联起来，描绘成流程图，可以使用 Viso 流程图制作工具进行绘制。流程图绘制的原则是从左到右、从上到下，有时间先后顺序的，箭头尽量不要回指。对于各级流程中的每一个步骤进行流程说明，流程中存在流程输入、信息加工、流程输出的动作，信息在流动中进行加工处理并产生新的价值。对于过程处理中产生的表单、文件等文档要进行标注，并将表单模板附在流程

文件的后面。表单、文件相当于是操作规范与作业程序，可以更加详细地描述业务流程的行为标准。

此外，流程管理还需要具备的三大重要能力。

1. 结构化思维的能力

为什么管理咨询顾问工作时间并不长，却能在工作多年的企业老板面前侃侃而谈，原因就是咨询顾问必须掌握结构化思维的能力。通过结构化思维的训练可以从纷繁复杂的问题表象中发现事物的本质，快速地掌握发现问题、分析问题、解决问题的能力。如何才能训练出结构化思维能力，可以多读一些训练结构化思维的书籍，多参与部门同事间的问题讨论，不断地通过问题诊断练习，锻炼出结构化思维的能力。

2. 流程量化、标准化的能力

通过流程梳理，可以明确界定出流程管理的 KPI 关键绩效量化指标，如执行流程时间的长与短、节省成本的多与少、产品质量交付的高与低、人力投入的多与少、库存浪费损失的多与少等等。将这些 KPI 进行考核的话就是基于流程的绩效考核方式，这比单纯基于销售结果的考核方式要科学得多。因为只有流程过程监控到位并严格执行才会产生良好的绩效结果，如果忽视了过程管控，单纯追求销售结果就有可能会让销售部门采用非常规的营销或促销手段拉升业绩，以牺牲顾客的满意度为代价，不利于公司品牌的良性运作。

3. 持续改善优化的能力

流程管理与优化并非是一次性的工作，而是要求流程负责人时时对流程进行改善优化，并且流程优化一定是部门与部门之间的信息共享与协作，单个部门是无法产生出卓越绩效的，一定是所有部门进行流程协同，才会打通端到端的流程，最终的目的是让顾客满意，让顾客愿意为流程的高效服务付费。

流程管理部门或精益零售办公室可以每年专门组织一次流程管理与优化的活动，激发各个部门优化流程的积极性。流程管理与 IT 经营、知识创造是要同步进行的，流程优化本身也就是知识创造的行为，通过激励员工的知识创新与创造能力，提出帮助改善流程与分析问题的良好建议。

系统流程

系统流程指的是能通过 IT 软件系统实现的流程。系统流程的管理与业务流程管理的方式相同，要求 IT 信息部门在精通业务流程的前提下，在业务流程中识别出 IT 系统需求，并在业务流程中定义出 IT 系统流程与业务流程的边界。一个企业信息化程度高低的最重要的衡量指标是系统流程对业务流程的覆盖度，互联网企业的系统流程对业务流程的覆盖度要远远高于实体企业（制造业、零售业等）的覆盖度。

对于实体零售业来说，全球标杆性企业沃尔玛、7-ELEVEn 的系统流程对业务流程的覆盖度都比较高，而沃尔玛与 7-ELEVEn 的 IT 系统设计是两种逻辑思维，沃尔玛强调的是 IT 系统自动化，用 IT 系统取代人力，例如总部物流中心对门店采取的是根据历史订货数据的自动补货方式。而 7-ELEVEn 强调的是 IT 系统自働化，即人与 IT 系统的充分融合，IT 系统并不取代人，而是帮助人更好地做出科学决策，比如关于门店订货。美国7-ELEVEn在1991年前都是采用物流中心对门店自动补货方式，1991年美国7-ELEVEn被日本7-ELEVEn收购重建后，将物流中心卖给了沃尔玛，取消了物流中心向门店自动补货的模式，变革为门店主动订货物流中心按订单配送货的模式，这时美国7-ELEVEn的IT系统就跟日本7-ELEVEn是相同的模式了，即IT系统设计时要充分考虑门店兼职员工流动性大、工作经验不丰富的特点，通过简单易懂的参考画面订货方式提高门店订货的精度。

可以说日本7-ELEVEn的系统流程对业务流程的覆盖度是全球实体零售业中最高的，可以达到50%以上，而大多数零售业的系统流程对业务流程的覆盖度不到10%，这也是不同零售企业之间的差距十分明显的原因，原因就在于对IT系统的建设与数据信息活用的差距。这也充分说明了制造业的核心能力是生产现场管理，而零售业的核心能力就是IT与DT数据经营能力。一般互联网企业的系统流程对业务流程的覆盖度也可以达到50%以上，所以也有人说日本7-ELEVEn并非一家传统的零售企业，而是互联网科技企业，一方面缘于其IT系统的确投资巨大、效果很好，另一方面也缘于其总部只有8000多人，平均人效利润很高。

大多数企业的IT系统流程只是考虑到了信息流、物流、资金流等有形的业务流程，却忽视了人的思维、知识、决策等无形的业务行为，这样就使IT系统流程往往只是一个订单连接、库存管理或会员连接系统，系统的流程也会比较简短，最终也只是完成了业务流程的自动化，这样的系统流程会导致业务与IT系统两张皮，IT系统也只是一个工具，并不能上升到对人的决策产生附加价值，业务部门也会觉得IT系统使用起来并不方便，这也是零售业信息化效果好的企业不足两成的根本原因。

执行系统流程必须要考虑到三个方面。

1. 操作 IT 系统前的业务行为思考

业务部门在执行每一步业务流程时，可以思考一下是否可以借助 IT 系统做到省力化、智能化、自动化，这样可以逐渐增加系统流程对业务流程的覆盖度。例如，在设计门店订货系统时，门店订货人员会参考未来几天的天气预报等，如果把这些信息考虑到系统流程中的话，就会驱动系统流程增加与天气预报等系统的接口流程，系统可以自动抓取未来几天的天气预报数据，方便门店查询而不是用自己的手机查询天气预报。

2. 操作 IT 系统中的行为分析

业务人员在操作 IT 系统中的行为分析，指的是系统操作员是否按业务流程的规定将所有的 IT 系统流程操作完毕，IT 系统也可以记录操作员的操作行为，对于没有操作到位的系统功能，系统可以产生报警信息，有利于操作员的上级领导评估操作员的工作绩效，还可以预防员工消极怠工。

3. 操作 IT 系统后的结果验证

在操作完 IT 系统功能后，要验证一下执行系统后的结果与执行系统前相比是否有很大的改进。比如，门店在每天订货完毕后，要通过销售结果验证一下当初的订货是否合理，是否存在缺货或库存积压的现象，如果存在，在下次订货时就要改进订货技巧，重新研究科学的订货方式，并活用好 IT 系统的支持功能，提高订货精度。

数据流程

数据流程要围绕业务流程、系统流程同步展开，与系统流程对业务流程覆盖的原理相同，评价一个企业数据化程度高低的主要衡量指标是看其数据流程对系统流程与业务流程的覆盖度。

一般来说，系统流程对业务流程覆盖度高的企业，其数据流程也相对比较成熟，而业务流程与系统流程都不完善的企业，其数据流程也就失去了 IT 系统的支撑。对于当前新零售行业掀起的数据化运营之风，大多数企业的理解是偏颇的，他们认为只要购买一些 BI 商业智能分析系统、AI 人工智能系统或者得到阿里巴巴、腾讯的数字化赋能就能完成数据化运营的转型，其实，在企业自身业务流程、系统流程都不完善的情况下是无法完成数据流程的。企业数据化转型也是如此，要想数字化转型必须先要完善好业务流程、系统流程与数据流程之间的融合。

数据流程要围绕企业内部的市场调研、顾客研究、商品企划、产品研发、产品生产、仓储、配送、督导运营、门店销售、顾客服务以及与外部供应商协作等全价值链业务流程数据化，结合人的知识创造力，将结构化数据与非结构化数据、隐性知识与显性知识进行数据可视化呈现，帮助业务人员在进行业务决策时提供数据支撑。结构化数据是指可以使用关系型数据库表示和存储，表现为二维形式的数据。简单来说结构化数据是指可以在 ERP 系统中转换成数据库的语言，非结构化指的是无法在 ERP 中呈现的声音、视频、文本等文件。

关于数据、信息、知识、智慧之间的区别与转换关系，数据本身是没有太多意义的，只是事物的记载方式，只有将数据加工处理成为信息，并且要过滤掉无用的信息后，才会形成有用的知识，知识只有被人消化吸收并创造出新的知识后，才能化为智慧，智慧就会形成正确决策的潜意识。为什么大多数在市场中摸爬滚打的企业创始人具有智慧的潜意识，这源于其大脑中充满了各种各样的信息、知识，并转化为智慧，帮助其在重大战略选择面前做出正确的战略决策。

数据流程不只是关注企业内部信息，也要关注企业外部信息。外部信息主要指的是市场信息、流行趋势、厂商信息、消费结构的变化、政策与制度改变、新商品新技术的发明等；内部信息主要指的是 POS 信息、商品销售动向、顾客信息、竞争对手信息、公司的方针与指示、门店所在楼盘相关信息、销售额与利润的分析、门店周边商圈分析等。

执行数据流程与执行系统流程同样也必须要考虑到三个方面：

1. 操作数据系统前的业务行为思考

业务部门在操作数据系统前要思考业务行为需要哪些数据做支撑，这些数据在当前的数据系统中是否存在吗？如果不存在的话就需要进行补录。例如商品主档的数据标签要尽可能多，包括商品名称、规格、产地等信息，这样就可以分析出什么样的规格、什么产地的商品畅销或滞销。

2. 操作数据系统中的行为分析

业务部门在操作数据系统时是否花费了足够的时间分析数据之间的逻辑关系，例如 7-ELEVEn 订货人员要花费两个小时进行订货前的数据分析与下单，而国内大多便利店门店要么不参与订货由总部统一配货，要么因订货的时间过短导致门店并没有进行单品管理分析，这样就必然

会产生订货缺货或积压。

3. 操作数据系统后的结果验证

业务部门在操作数据系统后要验证之前的数据分析假设是否正确，如果存在偏差就要找到偏差的原因，在下次操作数据系统时纠正之前的错误，持续不断地假设—验证，时间长了后就慢慢提高对数据系统活用的能力。因此，同样的数据系统，对于不同经验的操作人员来说，使用数据系统产生的效果也大为不同。

最后，业务流程、系统流程、数据流程要充分融合在一起，绘制流程图时也要绘制在一起，用不同的颜色标记出哪些是业务流程、系统流程、数据流程，从而使业务流程、系统流程与数据流程具有非常清晰的业务场景与边界。

Step7
IT 经营：人 + IT 驱动业务创新

中国互联网企业的核心就是 IT，因而互联网企业重金投资在 IT 上，IT 开发人员几乎要超过业务人员。因而他们从 IT 投入中收获了可观的回报，IT 之于他们就是生产力，是可以创造价值的赚钱工具。但对于传统企业来说，IT 就是成本黑洞，花了不少钱却见不到效果，这是因为缺乏信息构建的方法论，日本 7-ELEVEn 构建信息化的方法论值得借鉴。

碓井诚作为日本 7-ELEVEn 信息系统奠基人，在 20 世纪 90 年代日本 7-ELEVEn 重建美国 7-ELEVEn 时，是美国 7-ELEVEn 重建改革成员之一，负责对美国 7-ELEVEn 进行业务改革与系统改革，期间创立了一套业务改革与系统改革同时进行的方法论“IT 经营论”。业务改革与系统改革是有先后顺序的，对于公司来说是先进行业务改革再进行系统改革，但对于 IT 信息部门来说业务改革与系统改革是同步进行的，这就要求 IT 系统负责人一定要深度参与业务改革。这也是碓井诚作为 CIO 能官居 7-ELEVEn 常务董事的原因，只有身居高位，才能有权限推动公司的业务改革与系统改革。

下面是碓井诚 IT 经营方法论：人 + IT 驱动业务创新，即 IT 自働化，强调人与 IT 的融合而非单纯 IT 技术自动化。IT 经营的方法论：

IT 经营的 9 Step：Step0，环境分析；Step1，方针战略分析；Step2，应有功能形象；Step3，现状分析；Step4，现行系统分析；Step5，差距分析与变革主题设定；Step6，商业流程与业务流程定义；Step7，信息技术及系统的评价和应用；Step8，系统形象的制作与费用概算；Step9，系统化计划制作日程、体制。

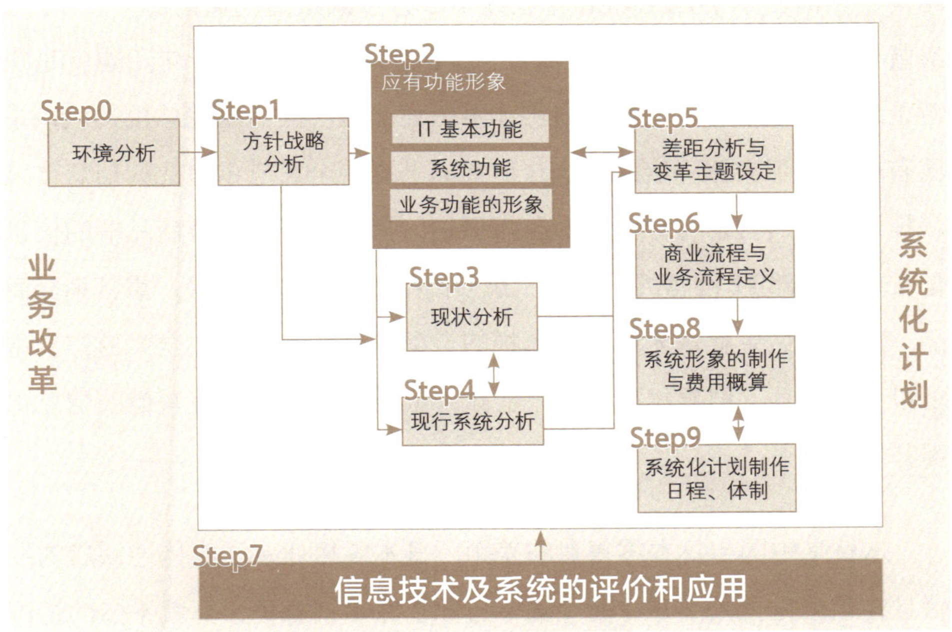

日本 7-ELEVEn 的流程管理、流程架构、总部的后台系统开发及运营、门店前台的 POS 系统开发及运维、物流仓库等很多系统的开发及运维都是外包给专业的管理咨询与系统开发服务商。日本 7-ELEVEn 的 IT 信息部门有 100 多人，主要职责是推进公司的业务改革与系统改革，以及作为 7-ELEVEn 业务部门与 IT 服务外包公司的沟通桥梁，由于日

本 7-ELEVEn 的业务部门业务能力很强，使 IT 信息部门的业务能力也很强，这样 IT 信息部门就可以指挥 IT 服务外包公司根据 7-ELEVEn 的需求进行流程优化与系统开发，而不是被 IT 服务外包公司牵着鼻子走。

中国传统实体零售业转型新零售之路也极为坎坷，他们首先是要忙于在线上开店或开发手机 App、小程序，接下来还要再投入巨资打通线上与线下的订单、会员、库存等信息，所做的工作都只是为了实现全渠道战略，但使原本在线下实体门店投入巨资用信息化武装零售终端的战略落空。而日本 7-ELEVEn 花在线下 2 万多家渠道门店的每一代 IT 升级就要花费 5 亿 ~6 亿美元，每一代 IT 系统只使用 7~10 年。也就是说对于线上与线下并存的全渠道实体零售业而言，其信息化总投入应该是原有单一线下实体门店的两倍，但实际上这些全渠道零售业的信息化大多投资于会员营销与订单及库存打通上，很少投资在上游商品端的信息化及企业内部 IT 经营的信息化。最后的结果就是头重脚轻，重营销轻商品，产生的后果就是无论采取怎样的全渠道战略、无论在全渠道信息化上投入多少钱，结果顾客还是不买账，因为源头商品端没有借助信息化提升运营效率。

这就是中国与日本零售业的差距，日本零售业专注实体连锁店的经营且在信息化投入不菲，而中国零售业在原本信息化预算就不多的情况下还要建设线上线下全渠道信息化，可想而知中国零售业的信息化是比较滞后的。好在全渠道、新零售模式的到来倒逼线下零售业开始重视起信息化发展了。

碓井诚创立的“IT 经营论”强调不要把 IT 当成一种工具，而要视作经营，即不要把 IT 投资当成一种负担，而应该把 IT 也视为一门生意，

通过投入的 IT 成本可以获得足够的价值回报。简单来说，就是投入的 IT 投资将会获得成倍的回报。

日本 7-ELEVEn 创始人铃木敏文很自豪地说过："我们是市场营销公司，信息就是生意命脉，在其他方面的投资或花费小气些也没有关系，但在信息和沟通上的投资或花费绝对不能省。"日本 7-ELEVEn 第五代系统花费了 6 亿美元，第六代系统花费了 5 亿美元，从 1974 年日本 7-ELEVEn 成立以来，一共进行了 7 代大型的 IT 系统升级，目前正在使用第七代 IT 系统。

优衣库创始人柳井正也说过："过去十多年我犯的最大错误是提出了店长是经营主角，应该要把店员当成主角，只有店员才是离顾客最近的人。优衣库是贩卖信息的公司，如果没有信息情报支持就无法对服装的流行趋势进行分析，优衣库可以称为是信息制造业。"由此也可以看出优衣库正在像 7-ELEVEn 一样要成为顾客的购买代理，意识到了 IT 情报系统的重要性。

IT 战略规划

IT 信息部门负责人要精通公司战略与业务经营，联合外部管理咨询及 IT 专业服务公司组建团队 MD 小组，共同根据公司的战略规划制订 IT 战略规划。

这里的业务经营指的并非业务部门的业务经营，而是指 IT 信息部门的业务经营。一般企业的 IT 信息部门都只是在完成本职工作，即根据业务部门的需求开发 IT 信息系统，并不参与业务部门的 IT 使用活动，这就导致 IT 信息部门对业务部门关于 IT 系统使用的效果好坏并没有切身的感受，只能听到业务部门关于系统使用好坏的声音，而且大多都是负面的评价。而 IT 信息部门往往出于自我保护的心理会为自己开发或引入外部供应商的系统进行辩护，是业务部门的业务流程不规范所致，是业务部门没有好好使用系统，或者是业务部门提出的需求不明确，或者是业务部门的需求朝令夕改，经常变化，导致 IT 系统开发商难以开发出满足业务部门需求的系统。

因而大多数公司的业务部门与 IT 信息部门几乎是水火不容，鸡同鸭讲。实际上出现这样的矛盾并非只有业务部门与 IT 信息部门，商品部与运营部同样也会出现这样的矛盾，当运营销售业绩好的时候，运营部会自夸销售团队的辛苦努力，当销售目标达不成时就抱怨是商品部开发的商品不好卖或者是供应链商品交期过晚或品质问题等原因。总之，欲罪加之，何患无辞。无印良品前社长松井忠三在一次演讲中给出了答案，如果是门店整体销售目标没完成责任在运营部，如果是单个商品销售业绩不达标责任在商品部。

在一次与碓井诚老师的对话中，他说在日本 7-ELEVEn 工作的 25 年只有两次是听命于创始人铃木敏文，一次是 7-ELEVEn 的 IT 信息部门及 IT 系统从母公司伊藤洋华堂中剥离独立出来，建立了与伊藤洋华堂综合超市完全不同的便利店信息系统;另一次是 2000 年的会员积分系统，除此之外所有的 IT 战略规划及系统提案在碓井诚提出后都获得了铃木敏文的同意与支持。

正因为碓井诚超越了一个 IT 人员的技术背景，深入公司的战略与业

务研究中，才使他将 IT 建设上升到 IT 经营的水平，也因为其突出的贡献而官至 7-ELEVEn 常务董事，而中国零售业中的 CIO（首席信息官）或 IT 总监一般最高头衔就是公司的副总裁，能担任公司常务董事职务的 CIO 寥寥无几。

总之，作为企业内部的 IT 从业者必须要完成从 IT 技术向业务经营的转型，IT 信息部门的顾客就是业务部门，要站在顾客的立场投身于业务实践，这样 IT 技术员就会诞生出比业务部门更具有创新意识的 IT 新功能，真正做到 IT 驱动业务创新。日本 7-ELEVEn 的 IT 服务创新业务负责人也是碓井诚，像 ATM 金融、代收水电煤气费、订票等创新业务的提出者正是碓井诚本人而非业务部门。

如果中国零售业的 CIO 能诞生出像碓井诚这样的战略与业务经营大师，那将是零售企业的福音，当然前提是中国零售企业老板得像铃木敏文那样高瞻远瞩，对 IT 信息部门充分信任与授权。其实铃木敏文支持碓井诚独立完成 IT 经营工作反倒是大大减轻了铃木敏文的压力，使铃木敏文可以专心于企业战略与业务经营工作。中国零售企业老板也可以尝试培养出碓井诚式的 IT 经营者，自己就可以专注于企业战略与业务经营工作了。

日本 7-ELEVEn 把 IT 信息部门当成核心业务部门，与商品部、运营部具有同等重要的地位，IT 信息部门的这 100 人主要是推动公司的业务改革与系统改革，以及活用 IT 技术的创新业务开发。从 IT 信息部门来运营 ATM 银行相关业务来看，7-ELEVEn 的 IT 信息部门本身就是业务部门，这就是“IT 经营论”，IT 即业务，业务即 IT，彼此深入交融在一起。

中国零售业的 IT 信息部门地位一般都不高，企业对 IT 信息部门的定位也只是系统开发与运维部门，并未期待 IT 信息部门像业务部门那样精通业务。因而 IT 系统建设成功率并不高，或者是远未达到业务部门期望的效果。由于零售业大多是重销售轻商品开发，因而 IT 系统建设的方向也是重销售轻商品，IT 系统投资重心大多在会员营销端的系统建设，或者是全渠道模式下的线上与线下的会员打通、订单打通、库存打通等信息连接上，而在商品开发端的系统建设投入不足，这也是由于中国零售业大多是渠道平台模式，而非原创商品开发的制造型零售业模式，如果下一步中国零售业要转型为制造型零售业的话，那么 IT 系统的投资重心就转向商品开发端了。

IT 需求分析

在开始 IT 需求分析前，必须先对现行业务功能、现行系统功能进行问题诊断，与理想中应有的业务功能与系统功能进行差距分析，总结出公司的变革主题，再描绘出未来的业务流程与系统流程，根据未来的新业务流程与系统流程进行 IT 需求分析描述，建立对未来新 IT 系统的假设，等系统开发后再验证当初需求分析是否正确。IT 信息部门可以联合管理咨询、IT 专业服务公司共同编写 IT 需求分析书，并与业务部门共同探讨确认，IT 需求分析书相当于业务需求与 IT 系统开发间的桥梁，好的 IT 需求分析可以避免盲目进行 IT 系统开发后返工重建。

IT 信息部门要下沉到业务一线，系统建设要建立未来原创 IT 系统的假设，再开发实施验证，将 IT 技术外包给专业服务公司，IT 信息部

门专注于业务经营与需求分析。IT 信息部门除了上面说的要精通业务经营之外，还得整合利用好 IT 服务伙伴的力量，不要将 IT 服务伙伴视为彼此博弈的对手，而应该与 IT 服务伙伴像结婚一样结成战略联盟，共同完成 IT 需求分析的工作。

一般乙方 IT 服务伙伴并不了解甲方企业内部的业务经营情况，因为企业内部的业务流程随时在优化调整中，企业内部的 IT 信息部门会在第一时间得知业务流程的变更。因此，IT 部门就要充当业务部门与外部 IT 服务伙伴之间沟通的桥梁，IT 系统建设的好坏也取决于 IT 系统部门与 IT 服务伙伴之间信息共享的密切程度。

日本 7-ELEVEn 把 IT 信息系统称为综合情报系统，而且已经从过去防守型的供应链系统转型为进攻型的需求链系统。日本 7-ELEVEn 收购美国 7-ELEVEn 后并未导入最先进的第五代 IT 系统，而是只导入了第四代 IT 系统，北京 7-ELEVEn 在 2003 年开业直至今天使用的也只是第四代 IT 系统，原因是美国与中国的零售业都比较粗放，无法使用对人要求比较高的第五代 IT 系统。第五代 IT 系统的核心是 GOT（图形化订货终端）订货系统，这是一个只有苹果 iPad 大小的手持电脑，诞生于 20 世纪 90 年代中期，比苹果的 iPad 诞生还要早，可以说是全球第一款平板电脑，是 NEC 为之定制开发的专门用于订货的设备。之所以会开发这样的订货设备，是因为门店店员用原来的订货系统时只能在门店仓库用台式机订货，由于没看到实物订货便不会用心，而用 GOT 订货系统可以走到货架前扫描商品，观察在库情况、单品销售动向后进行订货。使用 GOT 后大大提高了门店的订货精度。铃木敏文一直将门店订货视为便利店经营的核心，在千店千面的情况下，只有门店订好货，不缺货、不积压商品，才是对顾客最好的服务。

GOT 订货系统融合了订货人员的需求，可以查看天气预报、生活信息、路况、以及学校运动会等参考信息，在订新品时有哪些电视在播放新商品广告等信息，使门店能根据未来到店的客流而进行订货。7-ELEVEn 的 IT 系统强调的 IT 自働化，即有人干预的 IT 自动化，这与美国和中国强调 IT 技术自动化不太一样。世界知识创造之父、一桥大学教授野中郁次郎也曾担任过日本 7-ELEVEn 的独立董事，7-ELEVEn 系统融入了员工的暗默知识（隐性知识）与野中郁次郎的知识创造理论正好相符。

在我咨询过的企业中也有企业认为人的能力达不到精益零售的要求，门店订货的精度比 AI 人工智能补货的精度要差，因而采购了 AI 人工智能补货系统，结果造成门店的缺货与滞销损失比人工订货还要大，而门店却把责任怪罪于 AI 自动补货系统，甚至以前订货很积极很准确的店长也索性不订货，造成销售业绩下滑。后来加入了人在 AI 自动补货后的修正措施，才使订货精度有所提高。订货作为零售业的生命线，如果不让门店参与订货就不利于培养店长的商人意识和全面经营的能力，店长的教育相当于中国零售业的基础型人才。

关于门店是否采用自动补货可以按不同品类进行选择，对于保质期长的杂货可以采用自动补货，如无印良品采用的就是自动补货，但对于保质期短的生鲜、盒饭、熟食，最好能采用门店人工订货，因为只有门店最了解周边的商圈信息，才能做到精准预测、精准订货。虽然企业在发展早期员工能力弱的情况下订货精度可能不如 AI 人工智能的算法高，但如果企业多一些耐心培养门店员工独立经营的能力，门店员工的订货精度就会越来越高，像 7-ELEVEn 那样缺货率达到十万分之七，库存周转率在 42 次/年。如果不相信人的能力而继续投资在 AI 人工智能补货上，只会让门店的人员能力越来越糟糕，陷入恶性循环。

7-ELEVEn 门店不使用 AI 人工智能补货还有一个很重要的原因，门店是一切的起点，他们最了解顾客，最了解产品的使用情况，如果他们晋升为督导、总部管理层后会成为公司总部的中坚力量，而实施 AI 人工智能补货系统后，没有参与过订货学习与修炼的店长即便晋升到总部也很难了解产品的销售动向与顾客意见之间的关系，结果就会影响总部管理层的决策。战国时期韩非在《韩非子·显学》中有一句古话："宰相必起于州郡，猛将必发于卒伍"，这句话足以说明具有商人意识且能独立经营的店长的重要性。从这一点来说，即便 AI 人工智能自动补货比人要精准也还是要培养门店独立经营、精准订货的能力，因为这是在为总部培养并输送精通业务经营的管理型人才。

外资零售企业沃尔玛、家乐福、伊藤洋华堂、7-ELEVEn、全家、罗森、优衣库、无印良品等为中国培养了大量优秀的零售人才，这对中国的贡献要远比其自身创造的财富重要得多，这些优秀的人才中有大量的人才加入了民营企业，得以推动中国本土零售业的蓬勃发展。从这一点来说，这些外资零售企业对中国的贡献要远大于新零售企业，因为新零售企业更强调总部的 IT 和数据驱动，甚至用算法替代人，对人才培养尤其是门店基层员工培养的耐心显然不如外资零售企业。换句话说，从新零售企业跳槽出去的人加入传统零售业后会不知所措，因为失去了强大 IT 系统的支持。

IT 知识创造

将员工个人隐性知识显性化，形成公司的知识后再转化为个人知识，再将个人知识转化为公司知识，并将知识创造与 IT 系统融合，彻底实现 IT 经营。

对于个人来说，人最重大的财富并非是资产、金钱，而是知识，确切地说是拥有可以赚钱的知识，或者叫一技之长。对于公司来说，公司最重大的财富并非是固定资产，而是可以赚钱的企业知识，即便是公司的厂房、办公楼被大火烧掉以后，即便是企业最核心的关键人才离职后，企业仍然能够良性运作的便是企业储备的知识体系。任正非也说过，华为不会因为他或其女儿孟晚舟的离去而受到任何影响，因为华为已经构建好了企业自我创造知识的管理体系。

7-ELEVEn 原常务董事碓井诚创立的“IT 经营论”将知识创造与 IT 系统融合起来,实现人与 IT 相结合的 IT 自働化。这与丰田汽车的“自働化”相似，都是强调人与机器相结合产生的合力要远远大于单纯的机器自动化。知识创造与 IT 系统融合的标志是人在操作 IT 系统时能一气呵成地完成从查询参考数据信息到决定数据录入的完整流程，系统操作员不用中断思维去切换不同的系统画面就能完成业务活动中的系统操作。

曾有美国学者抨击日本企业运营效率不如美国企业高，重点提到了日本 7-ELEVEn 的督导体制，每 7~8 家店配置一名督导，导致中层管理干部过于臃肿，而美国通用电气等巨头实行的是去中层化、扁平化的管理组织。为此，野中郁次郎明确反对，他认为日本企业长盛不衰的秘诀就在于员工的知识创造能力，而 7-ELEVEn 的 2000 多名督导就是负责公司总部与门店承上启下进行双向信息共享的重要桥梁，正是因为这些督导的作用才使得总部做到了与员工的直接沟通，及时应对外界的变化及顾客多样化的消费需求。

碓井诚在设计 7-ELEVEn 的信息系统时也充分结合了野中郁次郎的知识创造理论，将员工的知识创造与 IT 系统融合在一起。其中最有名的是门店的 GOT 图形化订货终端，这个订货终端的功能只是用来订货，在这个订货终端中可以显示过去及未来几天的天气气象信息，因为零售业是靠天吃饭的行业，天气的影响对客流的影响是巨大的。GOT 终端还能显示门店周边的活动信息，比如修路、学校运动会，展览会等可能影响到门店客流的信息。同时还能点击最近在播放电视广告的商品信息，这都会刺激当前商品的销量，需要提前多备货。

在 7-ELEVEn 第六代 IT 系统中，门店还会录入所在社区的基本信息，如小区户数、写字楼主要公司的相关信息，作为判断顾客需求的重要知识信息，有利于门店进行精准订货。可以说碓井诚将知识创造理论与 IT 系统结合得十分完美，碓井诚的文章中也提到他与野中郁次郎的对话，7-ELEVEn 的信息系统是融合了员工隐性知识的系统。

而中国零售业在设计 IT 系统时仍然还是基本的进、销、存管理系统，IT 系统只是一个记账的工具，只是将采购订单、进货入仓、配送发货、门店收货、销售收银等业务活动进行记录的 ERP 系统，或者是记录会员消费信息的 CRM 会员管理系统，没有上升到企业内部员工的信息共享及与顾客参与互动的信息共享层面，也就是说并没有将员工与顾客的知识创造与 IT 系统进行很好的融合。

IT 经营强调的是 IT 系统与知识创造的融合。围绕商品开发、督导运营、门店订货、顾客消费行为分析等知识创造与 IT 系统融合，实现全价值链数据经营。知识创造与 IT 系统融合的标志是人在商品开发、督导巡店、门店订货等业务活动前需要参考什么样的数据可以所见即所得地快速呈现；人在业务活动中向 IT、DT 数据系统输入个人有助于商品开发、订货等经验知识形成公司的知识库，后人可以调用 IT 系统复用前人的经验知识，使得个人、公司的知识创造得以传承下去；人在业务活动结束后使用 DT 数据系统可以快速地验证之前的业务假设是否正确。知识与 IT、DT 数据的融合使得企业的员工调换工作岗位后也不影响接替人的工作难度，企业的知识得以积累沉淀下来。

如果 IT 与人的知识创造融合得好的话会比单纯的 AI 人工智能机器学习要精准，但对人的要求比较高，因为前者最大化发挥出了人的潜能去预测未来，而 AI 人工智能机器只是通过学习过去的数据来做预测，无法分析出商品畅滞销的原因，也就无法进行新一轮商品开发的问题修正。这也是日本 7-ELEVEn 这么多年坚持门店人工订货的原因，因为人工订货的本质不只是在于订货，而在于通过订货的假设—验证的差异来研究顾客消费需求的变化，这就是 7-ELEVEn 创始人铃木敏文说 7-ELEVEn 是一家应对变化的公司的真正原因。

扫一扫，听微课

为什么中国消费互联网
发达而企业信息化落后

Step8
科技驱动：基于科技驱动的创新方式

一般公认的第一次技术革命是以蒸汽机的发明为标志的工业革命，第二次技术革命是以电的发明为标志的电力革命，第三次技术革命是 IT 信息技术革命，而第四次技术革命就是 AI 人工智能革命。

科技创新方面，美国涌现出了微软、Google、苹果、Oracle、英特尔等操作系统、云计算、智能手机、数据库、芯片等原创技术的高科技公司，而中国的阿里巴巴、腾讯等互联网公司只是实现了应用层面的技术创新，不过阿里巴巴、腾讯现在也在布局 AI 人工智能、芯片、云计算等高端技术的研发，这弥补了中国技术创新的不足。在技术创新方面堪称中国楷模的企业便是华为了，华为提前 10 年布局自有芯片及操作系统的研发，并且完全是战略性投资研发，这大大助长了中国企业技术创新的文化。零售业的人工智能应用也出现在人脸识别会员营销、商品开发与智能补货等场景。

中国零售业过去一直在快速发展，零售业门店员工文化程度不高，就业机会较多，导致员工流动性较大，好不容易培训出来的优秀员工动辄有可能离职，等于是在帮竞争对手培养人才，很多零售企业不愿意培养门店的基层员工，门店员工大多也只是懂得销售服务技巧，对商品的理解及商品结构、精准订货等商品运营知识比较欠缺，也就是说门店店长往往只知道工作执行，缺少了作为商人的独立经营意识。因此，如果让门店基层员工掌握精益零售的原理，发挥门店独立经营的能力是比较困难的。

精益零售在日本能发扬光大是因为日本人具有一辈子专注一件事的工匠精神，日本零售业的门店员工精益零售能力较强，具备对门店顾客分析、精准订货等能力。而中国零售业目前还不具备精益零售的文化与能力，正如精益生产在中国推行多年也并未有多少制造业真正能按照丰田汽车精益生产的要求落地实施一样。

科技驱动人类社会进步，大数据、物联网、AI 人工智能、5G 等先进技术来临，也使零售业在科技驱动下有了质的飞跃。当人的能力不足以实施精益零售之际，可以考虑科技对零售业的助推作用，在可以替代人的地方用科技来替代人，例如顾客消费行为、商品开发、督导巡店、门店订货等环节都可以融合科技技术。在不能替代人的地方也可以通过智能技术辅助人的决策，比单纯依赖人的知识经验要高效得多。因此，未来的零售业最好是既能拥有 AI 人工智能科技驱动，又能拥有人的知识创造与 IT 融合的 IT 经营能力。

企业的创新主要包括商业模式创新、技术创新、管理创新，这三种创新方式都可以借助科技驱动来更好地实现创新。我们中国企业往往最擅长的是商业模式创新，但技术创新与管理创新严重不足，而技术创新往往也只是应用技术的创新，而非最底层的技术创新，至于管理创新就更落后了。

模式创新

平台零售、制造零售、科技零售、电子商务、全渠道零售、社区团购等商业模式创新都依赖于新科技驱动，传统零售与新零售的区别就在于科技驱动。

互联网行业的企业几乎都是商业模式创新的典范，早期中国互联网的商业模式基本是学习美国的，如新闻门户网站、电子商务、搜索、共享经济，但后期中国互联网自我创新能力要远远超过美国，以阿里巴巴、腾讯为代表的互联网企业创新能力层出不穷，诞生出支付宝、微信、盒马鲜生新零售等商业模式，可以说阿里与腾讯参与投资的中国互联网企业几乎占有半壁江山，而这些商业模式创新背后都是科技驱动。观看阿里巴巴关于支付宝早期都是人工对账的视频，令人感叹现在无所不在为人们生活带来极大方便的支付宝背后都是阿里巴巴技术的力量与员工心血。

互联网行业的创新天生就是技术驱动的，且是携带大量资本入场的，可以进行无数次创新试错，好的商业模式创新都是试错试出来的，并没有天生依靠理论就能成功的商业模式。而传统零售业的资金有限，不容许大规模试错，因而传统零售业的模式创新与战略规划的能力尤为重要。

那传统零售业如何借助科技驱动商业模式创新呢？以日本 7-ELEVEn 为例，它不仅仅是售卖商品的平台，还开发了大量的生活便民服务，如 ATM 取款机、代收水电煤气费、快递、干洗、订票等，其服务业务交易金额多达 4 万多亿日元，超过了商品销售的交易金额，服务业务收入净利润虽然只占到公司整体净利润的 7%，但因其带来大量客流的价值是不可估量的。因此 7-ELEVEn 也成为日本的生活基础设施，而这背后都是 IT 技术支撑的，可以说日本 7-ELEVEn 并非只是一家零售公司，而是一家互联网科技公司。

7-ELEVEn 的模式创新还表现在与供应商的价值共创上，7-ELEVEn 与供应商的关系并非简单的采购关系，而是联合进行商品开发，7-ELEVEn 并不收取供应商进场费，其盈利模式并不是在供应商提供的商品价格上加价销售给加盟商，而是平进平出，直接将供应商采购价提供给加盟商，等到加盟商加价销售给顾客后，从加盟商赚取的总毛利中分成给 7-ELEVEn，这种模式决定供应商的销量主体在加盟商的订货上而非 7-ELEVEn 总部的采购上，这样也使供应商必须要用心做好产品，并且要提高性价比，加盟商有利可图才会进一步向供应商加大订货量。

而供应商做好产品的前提是必须拿到 7-ELEVEn 的销售数据，这背后就是 7-ELEVEn 强大的 IT 系统与供应商的信息系统接口打通，甚至核心供应商的 IT 系统也是 7-ELEVEn 的 IT 信息部门负责开发建设的，这样就能做到 7-ELEVEn 与供应商充分的信息共享，共同利用销售数据分析来改进商品开发效果。

中国本土零售企业虽然打败了在中国经营的外资零售企业，那是因为中国本土零售业更加了解中国人的生活习惯与消费心理，并且大多擅长的是商业模式创新。如果中国零售业出海到日本、美国开店或许就比较艰难了，因为日本、美国零售业以技术创新和管理创新见长，并非依靠模式创新获胜。

技术创新

工业革命、电力革命、信息技术革命等不同时代的技术创新推动人类社会进步，AI 人工智能、物联网、5G 技术的到来将改变人类的生活与零售业进程。技术创新并非完全替代人类，而是将重复性作业的劳动力解放出来，让人去干更有知识创造力的活动。

日本 7-ELEVEn 也会利用新技术的发展来进行零售业务创新，例如早期 7-ELEVEn 门店向总部打电话订货，之后采用的是门店电脑订货后用磁盘保存，有专门收磁盘的物流商带回总部，之后采用的是电话拨号上网完成门店向总部电子订货，再之后就是发布卫星通信提高网速，再之后就是铺设专门的光纤提高带宽。7-ELEVEn 也得以开发出 GOT 电子订货系统，结合多媒体技术发布总部商品情报，实现门店与总部的双向信息共享都是通过 IT 系统来完成的，可以说 7-ELEVEn 是紧跟技术创新潮流的。

7-ELEVEn 的技术创新还表现在自动取款机的开发上，在 20 世纪 90 年代后期，7-ELEVEn 计划与银行合作引入银行的 ATM 机放置在 7-ELEVEn 门店内，但当时的 ATM 机体积巨大，费用昂贵。IT 信息部门负责人碓井诚当时也负责技术创新业务，他大胆假设，想要牵头来研发自己的 ATM 机，于是他找到 NEC 技术部门，探讨出可以开发体积更小的 ATM 机硬件，然后去美国拜访微软，请求微软提供 Windows 操作系统并开放与 NEC 硬件接口的源代码，当时银行 ATM 机的操作系统采用的都是性能稳定但价格昂贵的 Unix 操作系统，时任微软副总裁的鲍尔默（后升任微软总裁）认为与 7-ELEVEn 合作可以打开日本巨大的市场，于是同意了碓井诚的请求，最终 7-ELEVEn 的 ATM 机研制成功，成本只有银行专业 ATM 机的三分之一，而体积也只有三分之一。7-ELEVEn 早期的 ATM 机只能取钱，随着后来的技术进一步创新，也增加了存钱功能，7-ELEVEn 充分抓住了微软与 NEC 的技术创新为我所用。

值得一提的是，等到 ATM 机真正开发成功投入门店使用后，公司还没有成立专门运营的业务部门，于是 7-ELEVEn 创始人铃木敏文说，既然是 IT 信息部门开发出来的 ATM 机，那就连运营也暂时交给 IT 信息部门吧。这样早期的 ATM 机运营业务（类似于银行的保安押运钞票等工作，而不只是设备的维护）也是由 IT 信息部门负责的，直到后来 ATM 机业务越来越庞大，公司才成立专门的 ATM 机业务部门。早期 ATM 机业务并不赚钱，更多的是为顾客提供方便，同时带来大量的客流，7-ELEVEn 平均每家门店每天大约有 1000 人进店，其中大约 220 人会使用到 7-ELEVEn 的服务业务，其中有 70 人左右会使用到 ATM 存取钱业务。后来 ATM 机本身的盈利能力越来越强，7-ELEVEn 便单独成立了一家银行公司，叫 7-Bank，并在东京上市。

零售业应该抓住微信、支付宝、物联网、云计算、AI 人工智能、5G 等新技术的机会进行业务创新。例如门店可以实现顾客自助扫描商品二维码进行在线支付，顾客可以在线通过微信注册会员，通过会员消费分析其消费习惯；通过视频 AI 人工智能技术检查门店货架，监测门店是否缺货或滞销积压商品的陈列情况，实现督导的远程巡店；总部服务器可以租用云计算服务器，省去昂贵的 IT 运维服务费，并且可以在销售高峰期临时租用云计算服务器增加带宽与算力。

以盒马鲜生为代表的新零售也是以技术驱动的，他们从商品开发到销售运营的全价值链都深度植入了技术开发，使商品全生命周期管理实现了数据经营，真正做到了全价值链流程业务 IT 自动化。传统零售业与新零售最大的差距就在于 IT 技术，新零售企业没有任何传统基因束缚，可以放手进行业务创新与技术创新，而传统零售业的 IT 系统一直在修修补补，打补丁的开发方式难以跟上新零售的步伐。而精益零售强调的 IT 自働化的前提就是必须先实现 IT 自动化，如果连 IT 自动化都难以实现的话也是难以转型为精益零售的。因此，新零售的下一站就是精益零售，而传统零售业转型为精益零售的难度比新零售转型为精益零售的难度要大，其中的瓶颈就在 IT 技术。

有些传统企业包括上市公司宁愿将钱投在办公大楼、生产厂房或对外业务投资上，也不愿意花在 IT 系统及管理体系建设上，导致企业的竞争能力越来越弱。他们应该要向华为、7-ELEVEn 学习，华为每年在技术研发的投资占到销售额的 10%~15%，而 7-ELEVEn 每年 IT 投资费用占企业销售额 0.72%。中国过去面向个人的消费互联网比较发达，但现在针对企业信息化的互联网时代来临，传统企业当前最重要的战略就是花重金投资企业信息化建设，而构建精益零售运营体系就是实现企业信息化的必要前提。

管理创新

战略、业务、科技三者缺一不可，只有在完成战略、业务、科技管理协同后，才能实现商品在线、顾客在线、员工在线、管理在线等科技驱动的管理创新。

管理创新方面，由于中国改革开放也才40年，中国企业经历市场经济考验的时间也并不长，大多中国企业的成长是依赖人口红利和商业模式创新，对管理的要求并不高，这导致中国企业对管理的研究与创新投入并不足。而中国管理理论的研究人员更为不足，大多是学习、沿袭国外管理大师的管理理论，缺少中国真正原创的管理创新。

中国企业在管理上有着巨大投入的便是华为了，任正非曾说过："互联网时代，技术进步容易，管理进步难，难就难在管理的变革都是触动人的利益的。企业间的竞争说穿了是管理的竞争，人才、资金、技术等只有在管理的有效组织下才能发挥出作用。"

华为公司也向丰田汽车学习过精益生产，但仅应用于生产制造环节。华为更多的是向西方国家学习先进管理思想并打造出华为管理体系，其核心为管理架构、流程与IT支撑的管理体系及人才激励机制。曾耗资40亿元聘请众多西方先进管理咨询公司帮助构建了IPD（Integrated Product Development）集成产品研发流程、ISC（Integrated Supply Chain）集成供应链流程、CRM（Customer Rational Management）客户关系管理、人力资源变革、财务管理变革以及IT信息化等管理体系。任正非曾说："企业间的竞争说到底是管理的竞争，华为留给世人的财富只有两样，一是管理架构、流程与IT支撑的管理体系；二是对人的管理及激励机制。华为相信，资金、技术、人才这些生产要素只有靠管理将其整合在一起，才能发挥出效应。"华为学习丰田汽车TPS生产方式及西方先进管理思想建立自己的管理体系，更加说明了企业建立自己管理体系的重要性，而不是照搬丰田汽车、7-ELEVEn等

管理体系。管理体系是企业基盘稳固、基业长青的保障，相当于企业管理的操作系统。

研究华为的目的也是想了解其为什么要搭建管理架构、流程与 IT 支撑的管理体系，并非是要学习其 IPD 产品开发流程或 ISC 集成供应链流程，最终得出的结论是华为的管理体系是通过科技驱动的，要成为一流的企业必须要建立自己的管理体系，小企业成长靠营销，大企业成长靠管理，基业长青的企业靠管理体系。零售业只有让自己专业起来才能生存，中国零售业应该自己进行原创商品开发，建立自己的精益零售运营体系，不模仿他人，活出自己的经营风格，才能真正成为零售业的佼佼者。而精益零售运营体系的第五步管理架构也正是来源于华为管理架构的灵感，只不过精益零售的管理架构是以 7-ELEVEn 的管理架构为原型的，并不是沿用华为的管理架构。

7-ELEVEn 也是利用科技驱动管理创新的典范。7-ELEVEn 开发了与供应商、加盟商等全价值链信息共享的系统，被称为综合情报系统，通过数据、信息分析，7-ELEVEn 能做到千店千面，每家门店都有自己独立的商品结构，加盟商可以精挑细选符合自己商圈的商品。供应商可以利用 7-ELEVEn 开发的信息系统分析其生产的商品在全国各地不同地区的销售动向，以此识别不同地区的顾客消费喜好，从而更好地改良商品开发技术。

7-ELEVEn 总部的商品信息经过地区经理、督导传递到门店时，信息衰减率在 70%，大量有价值的信息在传递过程中丢失，为了解决这个问题，7-ELEVEn 开发了门店与总部的信息共享系统，一方面继续沿用以前的督导信息传递机制，另一方面督导、门店必须要在线使用这套信息共享系统，这样信息衰减的问题得到有效解决。7-ELEVEn 也真正做到了顾客在线、商品在线、员工在线、管理在线，可以说 7-ELEVEn 是一家真正的科技零售公司，是一家科技驱动管理创新的公司。

下图总结了中国零售业科技驱动下的创新方式与进化趋势。

零售业进化	创新方式	战略能力	业务能力	科技能力
传统零售行业（1991 年联华超市成立）	**模式创新**	渠道销售平台（厂家销售代理）	门店营销能力（同质化商品）	供应链、POS 系统（业务驱动 IT）
电子商务行业（1999 年 10 月阿里巴巴融资 500 万美元）	**模式创新**	低成本、低价格（厂家销售代理）	电商营销能力（同质化商品）	供应链、会员系统（IT 即业务）
新零售行业（2015 年 3 月盒马鲜生成立）	**技术创新**	商业操作系统（顾客购买代理）	商品买手与营销（差异化商品）	全链路数字化经营（IT 驱动业务）
精益零售行业（2020 年昆仑好客精准零售全国推广）	**管理创新**	管理操作系统（顾客购买代理）	原创商品开发（团队 MD）	战略、业务、科技协同（人 +IT 驱动业务）

Step9
精益零售文化：让假设—验证成为公司文化

企业转型或变革都存在失败的风险，有人说不转型是在等死，转型是在找死，但转型至少还存在着向死而生的机会。精益零售转型就是一次巨大的管理变革，企业管理水平的高低决定着精益零售转型的成败。而管理变革也是需要公司从上到下全员行动而非只是管理层行动，如果只是管理层变革则无法推动基层员工的落实，精益零售变革是一件长期而又艰巨的事情，需要公司全体员工贯彻执行。有些公司在实施精益零售管理变革后却不能坚持下来，容易导致半途而废。

为了能让精益零售运营体系彻底落实，并且在外部管理咨询公司的顾问离开后，或者是企业内部负责精益零售咨询对接的项目经理在晋升或调岗或离职后也并不影响精益零售运营体系的继承和发扬，就需要将精益零售上升到企业文化的高度。如果说丰田汽车精益生产的核心文化是改善文化的话，那么 7-ELEVEn 精益零售的核心文化就是假设—验证文化。

日本 7-ELEVEn 在总部有一个全球业务改革推进部，负责对海外

7-ELEVEn 的咨询服务支援，比如美国 7-ELEVEn 破产后的重建、中国 7-ELEVEn 的创设等都离不开日本 7-ELEVEn 的管理支持。日本长期研究 7-ELEVEn 及其创始人铃木敏文的记者绪方知行曾在一本书中提到，凡是日本 7-ELEVEn 直接投资控股的海外 7-ELEVEn 如美国 7-ELEVEn、北京 7-ELEVEn、成都 7-ELEVEn 等经营业绩都要高于其他授权加盟的 7-ELEVEn，如香港 7-ELEVEn、广州 7-ELEVEn、上海 7-ELEVEn 等。

日本 7-ELEVEn 在 1991 年收购破产的美国 7-ELEVEn 后，首先是更换原有的 CEO 领导班子，并解雇一些为之提供管理咨询参谋的外部顾问，改为挑选愿意接受日本 7-ELEVEn 经营理念的骨干担任 CEO 领导班子，提拔的 CEO、商品部负责人、运营部负责人都毕业于西点军校，他们三人组成了美国 7-ELEVEn 重建变革的三剑客，虚心接受日本 7-ELEVEn 的精益零售文化，将单品管理、假设—验证思想灌输到公司全体员工。

美国 7-ELEVEn 卖掉了自有的几个食品加工厂及全美最先进的物流仓库及配送车辆，将物流中心卖给沃尔玛后又反过来租用沃尔玛的物流中心。因为以前的美国 7-ELEVEn 的物流中心是直接强配商品给门店的，门店并没有商品订货权，而物流中心是直接向供应商采购商品，而且还对供应商征收扣点，这直接导致物流中心官僚化，物流中心会优先配送与之关系较好的或扣点较高的供应商，使门店的商品与顾客距离越来越远，而原来自有的工厂因为有稳定的 7-ELEVEn 订单，生产效率也较低，没有压力，这样使 7-ELEVEn 完全失去了竞争力，走向了破产。卖掉后的工厂和物流中心再为 7-ELEVEn 提供商品和配送服务后的效率反而大

大提升了，成本也更低了。由此可见，日本 7-ELEVEn 追求的是专业的公司做专业的事，把不专业的业务全部外包。

后来，美国 7-ELEVEn 将物流中心自动补货给门店的做法修改为门店店长主动订货的方式，而且并没有导入日本先进的 IT 系统，而是教会门店单品管理、假设—验证的订货思维，人工统计门店每天进货数、销售数、库存数，以此假设每天订货的数量，等销售完毕后再验证当初的假设是否正确，再持续修正，直到门店单品管理、假设—验证的意识改革完成后，门店的订货精度也随之大幅提高。而美国 7-ELEVEn 直到 1997 年才开始导入日本 7-ELEVEn 的第四代 IT 系统，当时日本 7-ELEVEn 已经在使用全球领先的第五代 IT 系统了，直到今天北京 7-ELEVEn 仍然没有使用日本的第五代 IT 系统，而是基于日本第四代 IT 系统升级而成，而日本 7-ELEVEn 现在已经在使用第七代 IT 系统了。可见 IT 系统再先进，如果人的管理能力没有提升的话是难以驾驭的。

内部咨询

成立内部咨询机构，负责向全公司推广精益零售运营体系的培训、实施，将精益零售上升到企业文化高度贯彻到全员，并持续完善精益零售运营体系理论。

从精益零售意识改革到精益零售运营系的落地实施，除了需要外部精益零售专家的理论支持外，还需要企业内部成立专门的改革机构，这个机构相当于企业内部的管理咨询机构，简称“内部咨询”，负责带领全公司上下进行精益零售改革，根据精益零售运营体系的原理结合自己企业实际特征打造出自己企业的运营管理体系。

关于内部咨询组织的设立，可以成立精益零售办公室，相比于外部的管理咨询公司来说，更容易帮助企业内部进行业务改革，也可以作为与外部专业的管理咨询公司进行内外衔接的机构进行咨询项目管理工作。企业需要经常改革，而改革的手段无论是从内部发起，还是从外部发起，本质上是对原有业务运行模式的改善与创新。每一家企业在发展过程中出现停止增长或经营瓶颈，都要反思一下企业内部是不是出了问题，是不是要对过去的经营行为进行诊断与改革。

精益零售办公室负责人要由资深的企业副总裁担任，最好能由企业CEO兼任，这样才具备推动企业精益零售改革的组织职权。办公室组织机构可设置如下：组长——企业CEO或VP副总裁；执行组长——VP副总裁；总架构师——总监；组员——各部门负责人及资深业务骨干；变革顾问——外部管理咨询顾问。

精益零售办公室职能：组长——负责总体业务改革资源支持与绩效激励；执行组长——负责改革计划、进度把控及绩效考核；总架构师——负责精益零售运营体系架构设计与指导、工作任务分配及改革成果检查；组员——负责执行改革任务、汇报改革成果；变革顾问——负责精益零售改革理论指导、过程参与支持、成果汇报检查。

精益零售改革颠覆了传统管理咨询单纯只以方案呈现的做法，改为咨询方案与落地实施相结合的做法，即不但要发现客户企业的问题，提出解决问题的方案，同时带领客户共同制订推动改革的行动计划，最后落地实施执行，并检查改革效果。项目全程由企业内部咨询办公室进行

推进实施，甚至连向企业高层汇报的方案及相关的流程手册都是由内部咨询办公室的架构师或内部顾问编写，而不是由外部的精益零售顾问来撰写流程手册，原因是只有内部咨询办公室成员最了解自己的业务流程，他们在编写精益零售运营体系相关工作流程手册的同时，进一步巩固了对精益零售的理解。外部精益零售顾问也把企业的内部咨询办公室从传统的企业实操人员培养成了擅长管理咨询理论及业务实践的两栖人才。

因此，精益零售要求企业改革的背后首先要对自己管理咨询的方式进行变革，只有站在客户的立场思考，成为客户的管理咨询购买代理，才能设身处地思考客户到底要什么。精益零售改革重在帮助企业培养能自我驱动进行改革的管理咨询人才，企业的问题在不同的阶段都会存在，因而需要企业经常性对自我进行批判性诊断。只要企业掌握了精益零售的改革方法论，即使没有外部的精益零售改革问题的协助，也能独立完成企业内部的精益零售运营体系改革。

无论是外部咨询还是内部咨询，要成为一流的咨询机构就要有一流的管理理论指导与一流的咨询顾问人才，前者指精益零售运营体系就是一流的管理理论，后者指精益零售架构师大多是实操型战术高手，离管理咨询顾问还有一定的距离。也就是说一般在企业从事实操的人出来创业成立咨询公司成功者寥寥无几，因为管理咨询顾问背后要学习的管理理论太深厚了，一般企业实操者是不明白这些管理理论的，即便是大型上市企业的创始人、董事长、CEO 如果开一个管理咨询公司也很难成功，最多只能开一个高管教练公司，成为培训大师而不是管理咨询大师。

但管理咨询顾问一般也很难从事实操业务，咨询型人才与实操型人才完全是两个世界的人，也就是说杰克 · 韦尔奇只能成为全球第一 CEO

而成不了管理咨询顾问，而麦肯锡只能成为全球第一咨询顾问而成不了实体企业 CEO。麦肯锡晚年加入梅西百货担任 CEO 最后过劳死，并留下对后人的忠告："咨询顾问不要轻易进入实业。"日本战略管理大师大前研一也说到，他只能做战略管理咨询，不能做实操类业务咨询，因为实操类业务咨询是需要在一线不断地实践并积累知识的。管理咨询顾问的角色就是作为旁观者扮演好企业参谋。管理咨询顾问 + 实操型人才就能达到 1+1>2 的效果。

总架构师

总架构师相当于企业内部的咨询顾问，负责对企业战略、业务、科技等不同层面的现状进行评估、诊断，及时发现问题、分析问题、解决问题。

总架构师要精通全套精益零售运营体系的理论与实践，可以带领一批同样优秀的架构师，架构师相当于是杰出的管理咨询顾问，不一定要熟悉商品、运营、物流、采购、生产、门店销售、财务、人事、IT 等所有的部门职能及核心业务流程，但一定要具备快速调研诊断并发现问题的能力，要知道问题背后的原因，给出解决问题的方向性建议，并且能调动其他专业顾问的力量共同进行业务改革与流程优化，并非架构师本人去解决问题，而是调动相关部门去解决问题。

成为优秀架构师的必备素质：具备发现问题、分析问题、解决问题的能力；强烈的好奇心、专业专注、心无旁骛。精益零售运营体系就像一件艺术品要不断雕刻、持续改善，而架构师就是心无旁骛的艺术家。

例如：中石油昆仑好客公司成立了昆仑好客运营体系办公室，简称KOS（Kunlunhaoke Operation System）办公室，该办公室主任由昆仑好客公司总经理兼任，下设执行主任由公司副总经理担任，又设置KOS总架构师，带领办公室改革成员为全国各省公司的非油业务提供管理咨询，全国各省公司也分别设置一名KOS架构师，各省KOS架构师在昆仑好客总架构师的带领下，负责本省的精益零售业务与系统改革。

不管是哪个行业的企业，要么聘请外面专业的管理咨询公司协助提升管理，要么自己成立内部的专职管理咨询部门，为企业内部的各个职能部门诊断把脉，解决工作流程间的分歧。企业内部的管理咨询部门通常由企业高层且具有丰富的结构化思维的人担任，如果没有丰富的管理咨询经验就必须要学习结构化思维，快速掌握发现问题、分析问题、解决问题的思维方式。

有的企业也聘请过从7-ELEVEn、优衣库、无印良品等工作多年的老师进行业务运营辅导，但效果大多不是太好，除了中日语翻译的原因外，与他们从甲方企业实操的角色转换为乙方管理咨询顾问的角色不太适应是有关系的，因为身处甲方企业工作时会有其他同样优秀的部门协同配合才能完成工作，而转换到乙方提供管理咨询服务后，一般被服务企业的管理成熟度比较弱，光靠一个日本资深的老师是无法解决甲方企业整体协同差的难题。

因而，精益零售改革倡导的是由外部精益零售咨询顾问担任改革顾问或教练，企业内部成立内部咨询办公室，推动企业内部的改革，而不是由外部的精益零售咨询顾问推动企业内部的改革。固有思维的堡垒从外部是很难攻破的，而从内部是最容易攻破的。

世界 500 强丹纳赫公司也有一个专门负责对被收购企业的管理咨询机构：DBSO 办公室，丹纳赫 DBS 经营体系的核心文化也是改善文化，他们相信企业管理改善是永无止境的。而丹纳赫在收购一家公司后，首先为之植入的便是丹纳赫文化，只有先改变人的意识后才能进行下一步的业务改革。

丹纳赫 DBSO 办公室负责人一般由公司前任 CEO 担任，DBSO 办公室成员大多只招募一流名校大学生，可以说 DBSO 办公室是按照麦肯锡等管理咨询公司的要求进行建设的，而办公室成员也相当于一流的管理咨询顾问，这些成员在为丹纳赫旗下的公司提供几年 DBS 经营体系改革后，就可以去下属公司担任 CEO 或重要高管了。

假设—验证

IT 技术驱动的新零售行业凸显了 IT 技术的重要性，大大提升了零售业的运营效率。而精益零售颠覆了传统零售业的思维方式，无论是传统零售还是新零售，无论是实体零售业还是互联网电商业，他们都需要重新思考原来的思维方式。

精益零售倡导的三大支柱、四个要素、五项原则，彻底颠覆了零售业原来的思维方式，也可以说是颠覆了零售业原来的企业文化。员工每天坚持意识改革，彻底贯彻三大支柱：单品管理、假设—验证、数据经营；四个要素：亲切服务、清洁卫生、商品新鲜、商品适销；五项原则：站在顾客的立场思考、以商品为中心、以门店为起点、从未来出发、信息共享。久而久之，就会形成精益零售文化。

以下是传统零售与精益零售的思维方式区别：

传统零售	精益零售
生产厂家的销售代理	顾客的购买代理
站在自己立场替顾客着想	站在顾客立场思考
以顾客为中心	以商品为中心
以总部为起点	以门店为起点
从现在出发，走向未来	从未来出发，走向现在
信息孤岛，组织不协同	信息共享，组织协同

只有将精益零售文化植耕于员工内心，使员工在做任何工作时都会条件反射般地先建立假设，待执行完成后验证之前的假设是否正确，再持续不断地修正改善，才能知道自己的差距、问题，并逐渐培养出员工不假思索地把工作做正确的经验能力，这也是精益零售运营体系最重要的人才激励机制，薪酬绩效也是以员工的知识创造贡献多少为考核依据的，这也是决定企业核心竞争力的根本所在。也就是说这样的绩效考核方式是面向业务过程的考核方式，只要过程执行好了，其经营结果绩效自然会好。

商品部在进行商品开发时要思考 52 周顾客生活行事历，根据每周的节气进行商品企划，根据未来商品上架的时间倒推当下商品开发的节奏，对未来商品可能的销量进行假设，等到真正上市销售后再验证之前的假设是否正确，如果不正确的话就要找出差距，进行原因分析，在下次开发新商品时进行修正，再建立新的假设—验证，如此周而复始，商品开发人员在无数次的假设—验证中培养出来挖掘顾客潜在需求的能力，从而能开发出真正满足顾客需求的畅销商品，避免开发出滞销的商品。

运营部负责人可以建立门店销售预算的假设，每周、每月、每季度、每年验证其实际销售完成情况。如果是因为运营部提供的销售预算过高导致的商品计划过高而造成商品库存滞销，责任在运营部，如果是因为商品计划部自身的商品计划不精确造成的库存浪费，责任在商品部。

门店店长要对来店顾客进行假设，思考门店商品结构与单品销售动向与来店顾客的需求是否匹配，并建立门店向总部订货的假设，当商品到货上架销售后验证之前的订货是否正确，寻找差距原因，并在下一次订货时进行修正。门店在无数次的假设—验证中建立了对门店顾客需求洞察的能力，也就能应对顾客的消费需求变化，并及时将顾客的需求变化反馈给总部商品部进行商品开发修正。

IT 信息部门负责人可以建立当年 IT 规划的假设，到年底可验证其实际完成情况，如果偏差较大就要寻找原因，是业务部门的需求变更所致责任在业务部门，如果是因为 IT 信息部门执行不力，责任在 IT 信息部。

其他部门都可以采用类似的假设—验证思考方法，在无数次的假设—验证中进行试错，并找到解决问题的最佳方案。这样全公司各部门就会逐渐形成精益零售文化，使全体员工自发地遵循精益零售理论去工作。

第三章

精益零售案例研究：打破行业的边界

笔者花费 20 年的时间研究了超市行业、服装行业、餐饮行业、专卖行业等不同零售行业的经营特性，并为不同行业的零售企业提供管理咨询或培训，最终得出结论：尽管超市、服装、餐饮、专卖等企业所经营的商品表现形式大不相同，但其内在运营体系是一样的。笔者分别从超市业、服装业、专卖业提取一家实施了精益零售运营体系的代表企业，但他们仍然只是在转型为精益零售的路上。希望中国零售业学习精益零售后，能吸收转化为自己的运营管理体系，正如中石油昆仑好客学习精益零售后转化为昆仑好客 KOS 运营体系一样。

扫一扫，听微课

精益零售如何帮助昆仑好客同比增长 30%

超市零售行业：中石油昆仑好客便利店

中国石油非油品业务是中国石油依托加油站网络和客户资源，为客户提供燃油、燃气以外的商品或服务，以满足客户延伸需求的商业活动。从国际石油公司的经验看，油品和非油品一体化运营是加油站企业不可分割的盈利模式组合。中国石油是国内加油站行业非油品业务的开创者。中石油昆仑好客便利店业务从开拓之初的 2007 年营收 6.6 亿元到 2017 年 186 亿元，十年间营收规模增长了 179.4 亿元。2018 年，实现非油品销售收入 245 亿元，利润 24 亿元，便利店数量 1.97 万个，年销售千万元的便利店 21 个，50 万元以上的便利店接近 1 万个，经营 314 小类 6 万多种商品，为加油站日均 1100 万顾客提供商品和服务。按照连锁行业协会的排名，2018 年位居中国连锁百强第 27 位，中国快消品连锁百强第 9 位，中国品牌连锁便利店门店规模第 2 位。

一开始，我在接手中石油昆仑好客便利店项目咨询时，还以为是跟 7-ELEVEn 差不多的运营模式，但在加油站现场蹲点调研 1 个月后，得出管理咨询的结论是，中石油昆仑好客不应该学习 7-ELEVEn 或中国石油 BP 加油站的外在表现形式，而应该有自己内在的经营体系。中石油

昆仑好客的商品结构只能围绕自己物流瓶颈来展开，加油站网点非常分散，从中央仓配送到门店的频率为：近的门店每周一次，远的门店每月一次，因而加油站应该销售烟、酒、饮料、粮油、奶类等体积大、重量重的商品，而来加油的顾客都有车，购买体积大、重量重的粮油、奶类、箱装纯净水等是非常方便的，中石油昆仑好客称之为汽车后备仓消费模式。因而中石油昆仑好客不会学习 7-ELEVEn 的商品结构等表面的东西，但会学习 7-ELEVEn 的经营模式，深入研究重点商品品类，把中石油昆仑好客打造成品类专卖便利店，这一新的战略定位拉开了中石油昆仑好客转型精益零售的序幕。

构建中石油昆仑好客运营体系九大模块

一级模块	步骤	二级模块	三级模块	详细解释
战略	Step1	意识改革	三大支柱	单品管理、假设—验证、数据经营。这三大支柱是对传统零售思维的颠覆性改革，要求上至总经理下至门店基层员工所有人都必须要掌握。
			四个要素	亲切服务、清洁卫生、商品新鲜、商品适销。门店要亲切待客、保持门店清洁卫生，结合自己门店所在地域的实际情况，根据 52 周顾客生活行事历，合理规划门店每周的商品结构，并进行精准订货，确保商品新鲜与适销。
			五项原则	顾客立场思考、以商品为中心、以门店为起点、从未来出发、信息共享。要成为顾客的购买代理而非厂家的销售代理，总部为门店做好服务支持，建立门店与总部的双向信息共享体系，方能应对瞬息万变的消费需求变化。

续表

一级模块	步骤	二级模块	三级模块	详细解释
战略	Step2	商业模式	平台零售	昆仑好客围绕“人·车·生活”生态圈的战略目标，建立广泛的供应商联盟合作平台，构建价值共创的业务链，为价值链中各联盟伙伴赋能而非收中介过路费式的平台经营。
			制造零售	昆仑好客依靠开发原创商品及服务获得差异化竞争优势，建立产、供、销一体化团队 MD 商品开发体制，建立商品全生命周期管理流程，满足顾客对美好生活的需求。
			科技零售	昆仑好客建立从商品开发、生产物流、销售运营到顾客体验的全价值链数字化运营体系，结合精益零售运营体系，将人的知识创造与 IT 技术融合，转型为科技型零售企业。
	Step3	战略定位	竞争战略	打造“人·车·生活”生态圈，建立广泛的供应商联盟合作平台； 开发原创商品和服务，如汽车服务、与大搜车合作的汽车代售服务； 打造昆仑好客运营体系（KOS），提升企业组织协同运营效率。
			公司战略	围绕烟酒、饮料、粮油、奶类、零食、生鲜等重点品类，打造加油站品类专卖便利店模式。公司的战略定位是品类专卖便利店。产品线分为 B to C、B to B 与 B to F（家庭）三种模式，B to C 模式为传统便利店模式可以高毛利，而 B to B 为批发团购模式、B to F 为大卖场模式只能低毛利； 销售前移至加油前庭推销，门店成为前置仓，站在顾客的立场思考成为顾客的购买代理； 重新梳理昆仑好客总部、各地区公司、各地市公司、加油站之间的职能分工，建立双向信息共享体系；

续表

一级模块	步骤	二级模块	三级模块	详细解释
战略	Step3	战略定位	公司战略	打造四个一流公司：一流的零售公司、一流的咨询公司、一流的投资合作公司、一流的“人·车·生活”消费目的地。
			职能战略	商品部的战略是原创商品开发及建立协同商品开发体制； 运营部战略是建立督导顾问团队培养门店独立经营的能力； 供应链部战略是与供应商价值共创确保产品品质、交期、成本最佳； IT 信息部战略是负责支持业务经营、系统经营与数据经营； HR 人力资源部战略是负责支持业务经营、企业文化打造、人才培养与知识创造； 财务部战略是负责支持业务经营、计划预算、经营分析与绩效评价。
业务	Step4	组织变革	应有功能	商品应有职能：从过去采购职能向商品开发职能转变； 运营应有职能：从过去督导检查向运营辅导职能转变； 门店应有职能：围绕精益零售四个要素展开新的职能； 供应链应有职能：重点围绕成本、交期、质量展开新的职能。
			现状诊断	商业模式、战略定位与管理架构不明确； 商品结构不合理，缺乏商品生命周期管理； 总部与门店的信息共享不充分； 缺乏标准的运营管理体系； 人的业务行为与 IT 技术融合度不高。

续表

一级模块	步骤	二级模块	三级模块	详细解释
业务	Step4	组织变革	差距分析	商业模式、战略定位与管理架构不明确。 差距分析：围绕“人·车·生活生态圈”打造新的商业模式（平台零售、制造零售、科技零售）；新的战略定位（划分为 BtoC 与 BtoF 及 BtoB 三大阵营的品类专卖便利店）；新的管理架构（团队 MD、督导运营、JIT 供应链）。 商品结构不合理，缺乏商品生命周期管理。 差距分析：围绕 52 周顾客生活行事历，建立 52 周商品销售规划的建设，制订 52 周商品开发计划，对重点商品制订销售计划与采购计划，精简商品 SKU 数量，对商品的畅滞销、上下架进行及时跟踪，进行全生命周期管理。 总部与门店的信息共享不充分。 差距分析：重新梳理总部商品部与运营部职能，建立商品开发与督导运营体系，建立信息发布机制，将商品信息发布到门店，同时收集门店、督导关于顾客意见、商品反馈信息，指导商品部改进商品开发工作。 缺乏标准的运营管理体系。 差距分析：从商业战略、业务经营、管理支撑等全方位分析诊断，打造出昆仑好客精益零售运营体系，并编制成标准工作手册全国推广；打造供应商、昆仑好客总部、省公司、地市公司、加油站双向信息共享体系。

续表

一级模块	步骤	二级模块	三级模块	详细解释
业务	Step4	组织变革	差距分析	人的业务行为与 IT 技术融合度不高。 差距分析：从商品开发、信息发布、督导运营、商品构成、门店订货、信息反馈等人的业务行为出发重新规划、设计 IT 系统与大数据分析系统，实现人的业务行为与 IT 技术融合的自働化而非单纯 IT 技术的自动化。
业务	Step5	管理架构	团队 MD	商品部负责商品开发、营销、促销、淘汰等全生命周期的管理，并针对不同地区顾客消费特点设置地区 MD 商品开发专员。
			督导运营	运营部负责销售业务执行，督导主要职能是帮助门店提升独立零售经营能力，贯彻总部的政策，负责门店与总部的双向信息沟通。
			JIT 供应链	围绕以门店为起点的 52 周协同商品供应计划，以终为始，从消费者需求出发建立拉动式供应链，强调需求链与供应链的联动与信息共享。
	Step6	流程优化	业务流程	梳理优化地区、地市、门店三级的必要职能和管理流程，重点强化商品、运营、供应链、门店等四个方面职能。选品依顾客，门店为起点，做事有计划，执行有反馈，商品快进出，效果可验证、工作有改进。
			系统流程	为配合精益零售运营体系，开发精益零售 KOS 数据经营系统，建立从商品开发、督导运营到门店指导等全价值链业务流程数据经营，可以分析同比、占比、预算比等经营数据。

续表

一级模块	步骤	二级模块	三级模块	详细解释
业务	Step6	流程优化	数据流程	商品主档数据新增加产地、口味、规格、功能、特点等便于识别商品畅滞销原因分析的标签属性，总部商品部制作新品信息发布，门店收集顾客对商品的反馈信息，做到门店与总部信息共享。
科技	Step7	IT经营	IT战略规划	IT信息部门负责人要精通公司战略与业务经营，联合外部管理咨询及IT专业服务公司组建团队MD小组，共同根据公司的战略规划方案制订IT战略规划方案。
			IT需求分析	IT需求分析要基于正确的IT战略规划与业务需求，IT信息部门与管理咨询、IT专业服务公司共同编写业务需求与IT需求分析书，并与业务部门共同探讨确认。
			IT知识创造	将员工个人隐性知识显性化，形成公司的知识后再转化为个人知识，再将个人知识转化为公司知识，并将人的知识创造与IT系统融合，才能实现IT经营。
	Step8	科技驱动	模式创新	平台零售、制造零售、科技零售、电子商务、全渠道零售、社区团购等商业模式创新都依赖新科技驱动，传统零售与新零售的区别就在于科技驱动。
			技术创新	工业革命、电力革命、信息技术革命等不同时代的技术创新推动人类社会进步，AI人工智能、物联网、5G技术的到来将会改变人类的生活与零售业进程。
			管理创新	战略、业务、科技三者缺一不可，只有在完成战略、业务、科技管理协同后，才能实现商品在线、顾客在线、员工在线、管理在线等科技驱动的管理创新。

续表

一级模块	步骤	二级模块	三级模块	详细解释
科技	Step9	精益零售文化	内部咨询	成立内部咨询机构，负责向全公司推广精益零售运营体系的培训、实施，将精益零售上升到企业文化高度贯彻到全员，并持续完善精益零售运营体系理论。
			总架构师	成立总架构师机制，总架构师相当于企业内部的咨询顾问，负责对企业战略、业务、科技等不同层面的现状进行评估、诊断，及时发现问题、分析问题、解决问题。
			假设—验证	将精益零售文化植耕于员工内心，使员工在做任何工作时都会条件反射般地先建立假设，待执行完成后验证之前的假设是否正确，再持续不断地修正改善。

昆仑好客运营体系试点运营效果

中石油昆仑好客在参考精益零售运营体系后，自我知识创造研发出了昆仑好客运营体系（KOS，即 Kunlunhaoke Operation System），编制了完整的《昆仑好客运营体系》流程手册，并选择了5家省级公司作为试点，将昆仑好客运营体系植入到这5家公司，帮助中石油昆仑好客便利店提升精益零售管理水平，最终这5家公司都在一年内取得了显著的业绩，加油站便利店业务同比业绩平均增幅达到30%以上，有的地区增幅达70%以上，库存周转率提高了30%，供应链管理水平从与供应商采购合同签订到新商品下单、生产、物流、配送到门店上架可订货状态的时间缩短了一半。在我亲自辅导的上海一家门店，2019 年 1—10 月的销售业绩是上年同期的 3 倍。随后，中石油昆仑好客公司在全国 31 个省市 2 万多个加油站全面推广了昆仑好客运营体系。

服装零售行业：中赛巴布豆童装

20 年前，杭州中赛在杭州四季青批发市场从事童装批发业务。如今的杭州中赛实业有限公司是一家专注于儿童（0—16 岁）服饰行业的全渠道品牌整合运营商，是迪斯尼品牌、巴布豆（BOBDOG）品牌等数十项国际著名卡通品牌授权与战略合作伙伴关系，并创立了自有品牌贝贝王国。作为国内率先打造出专家级一站式棉品营销顾问服务团队的领头者，中赛实业曾多次荣获了国家高新技术企业和 ISO9000 认证等荣誉奖项。随着公司规模的不断扩大，中赛不断探索发展新模式，实现全渠道发展，批发零售双轨迹运营，成功推出公司自主研发品牌加盟联营合作模式，以独特的共赢理念和专业的精益零售管理体系，全国门店已达 300 多家，并在持续不断裂变中。

在超市业、服装业、餐饮业、专卖业这四个业态中，我在服装行业从事的研究时间是最长的，所咨询或培训服务过的服装企业也是最多的，但我咨询服务时间最长、付出心血最多的是中赛童装。由于中赛在 20 年前是做批发出身的，转型服装零售模式的时间也没有几年，其批发转零售的难度要远远大于单纯只是从事零售模式的服装企业；童装行业的国家检测标准比成人装要严厉得多，导致童装行业无法做翻单快反；童装行业的多岁段、多尺码段等要求导致其 SKU 数及数据分析的复杂度也远超成人装，因而服装行业如果只选一家有代表性的企业作为精益零售研究的典型案例，我选择中赛童装。

记得在 2017 年 10 月，我参加阿里巴巴云栖大会演讲的前后，碓胤咨询与阿里巴巴新零售供应链研究中心在西湖湖畔花园联合组织了一次精益零售研讨沙龙，在我分享 7-ELEVEn 的战略、业务与 IT 系统后，我问参加沙龙的伊芙丽服饰创始人钱晓韵和安徽同庆楼餐饮总经理王寿凤，他们在 IT 上投入了多少钱？钱总回答说，跟 7-ELEVEn 相比我们可以说是没有花钱，王总也说差得太远了，但伊芙丽和同庆楼已经分别是服装业、餐饮业中的佼佼者了，可想而知，中国零售业相比日本零售业来说还有巨大的成长空间。后来我又分别给伊芙丽和同庆楼餐饮做了公司内训，更详细地分享了 7-ELEVEn 精益零售管理架构：团队 MD、OFC 运营与 JIT 供应链。听完培训后，钱总跟下面的高管说，按照 7-ELEVEn 的模式去做，我们能做到 100 亿。事实上，伊芙丽的小 MD 业务即以总部为核心的 MD 商品管理已经非常成熟了，欠缺的只是总部与工厂、门店间的信息共享等大 MD 业务逻辑以及把 IT 当成核心业务去经营的 IT 经营管理思想，如果能把这两点补齐则完全有可能有成为中国版 ZARA。而同庆楼餐饮在精益零售的引导下也会做得更加优秀。

而中赛童装相比伊芙丽来说，由于是批发基因转零售模式，基础还比较差，其总部的小 MD 商品管理都是缺失的，更不敢奢谈与供应商、门店间的信息共享等大 MD 及把 IT 当成核心业务去经营的 IT 经营管理，

所以我只能先帮中赛童装建立小 MD 商品管理架构，即从战略目标、销售预算反推开关店计划、商品计划、商品企划、商品设计、生产实现、门店配货、门店商品上下架时间及波段管控、调拨、退货等全商品生命周期的运营流程。

中赛童装现行业务诊断

中赛童装主要分为两条业务线，一条是代理迪士尼、史努比等品牌销售的批发线，一条是专营巴布豆、贝贝王国自有品牌的零售线。过去公司将过多的精力投在商业模式创新上，销售渠道也在不断地变化，尝试过省代、城市合伙人、母婴专供等各种各样的渠道，由于各种渠道的消费者需求并不相同，导致总部商品部、设计部精力分散，无法潜心研究多变的渠道下不同顾客消费需求来改良产品设计。

批发模式下的代理商要求低价、款式稳定，而零售模式下的终端顾客追求的并不是低价，而是款式新颖符合时尚潮流。最大的问题是批发模式的款式与零售模式的款式有部分雷同的情况，第二大问题是订货会环节导致代理商下单决策时间太长，严重影响了与零售模式合并下单生产的时间，导致生产交期延误，可以说多种营销模式带来的业务不协同是中赛当前面临的最大挑战。

中赛童装新的战略定位

中赛重新梳理了批发模式与零售模式的分工与协同，无论是批发模式还是零售模式都明确了转型为精益零售的战略定位，而当务之急就是建立MD商品运营管理体系，虽然之前曾经请过一些日本服装专家提供过管理咨询，但主要的咨询内容还是门店空间规划与VMD陈列咨询，并未涉及MD商品计划体系的改革。精益零售战略定位必须要解决下面两大问题：

定款方面：设计师与前端销售脱节，导致顾客需求难以把握，设计企划的商品款式有的并不满足顾客的需求。设计师根据历史销售数据分析形成对下一季商品流行趋势的预判欠准确。

定量方面：没有制订详细的开关店计划、销售预算、商品计划与销售计划，无法把握每个款的计划销售量与生产量，导致畅销款缺货、滞销款售罄率低。

中赛童装的业务转型

重新建立零售型组织架构，将设计师组、商品运营组、销售运营组纳入同一个事业部管理，使设计师、商品运营、销售运营之间的信息沟通顺畅起来，每月、每周、每天都在观察单品的销售动向，收集顾客反馈意见，总结分析每款衣服销售假设与验证之间的差异，找到原因后由设计师在下一季时进行修改，不断地假设—验证，最终培养出设计师对未来流行趋势可以准确预判的能力。

以团队MD业务为支撑，实现研发、生产、销售一体化运营。新成立MD商品计划部，负责公司销售预算、开关店计划、商品计划、销售计划、铺货计划、补单计划等所有的经营计划。根据52周顾客生活行事

历来制订 52 周的商品计划与销售计划，这样可以准确把握顾客在不同季节时段对商品购买的需求。

中赛童装科技驱动能力

中赛过去也运用了价格不菲的 IT 系统，有 ERP 业务系统、WMS 仓库管理系统、物流自动分拣系统、RFID 智能标签系统、OA 办公自动化管理系统等种类繁多的系统，但大多数系统都是基于以前批发模式实施的系统。而中赛从批发模式转型零售模式时间较短，团队 MD 组织架构的搭建及 52 周商品计划与销售计划的 MD 业务逻辑要熟练运用的话还需要几季产品的假设—验证试错，因而当前阶段不建议在 IT 上投资过多，等 MD 业务逻辑运用熟练后就可以重新建立以 MD 业务为支撑的零售模式 IT 经营系统。

当前阶段只要开发出数据分析系统即可，过去的数据分析报表也是结果型系统。新型的数据分析系统是从商品企划阶段开始的，补充了商品材质、销售等级、设计风格、功能多维度标签，便于设计师、商品运营团队观察商品畅滞销的原因是因为款式设计的问题还是面料、板型、尺码、颜色、价格等问题。在商品计划阶段、销售计划阶段、商品铺货阶段、调拨阶段、促销阶段等都有相应数据分析报表做支撑。这样的数据分析系统才是真正面向业务过程的决策支持系统，而不是像以前的 BI 系统那样，虽然有华丽的报表展示图，类似于仪表盘、雷达图一样，但最多也只是提供给管理层做报表展示，并不能很好地指导一线业务人员的业务行为。

最终，中赛确立以MD业务为核心的管理架构，并打造了自己的精益零售运营体系，原来困扰多年的库存问题逐步得到解决，老店同比业绩也得到显著提升改善，最近反馈的数据是老店同比销售业绩增长了15%，这对业绩普遍同比下滑的零售业来说不能不说是较好的表现。假以时日，中赛童装会在精益零售理论指导下，不断地假设—验证，在试错、总结、原因分析、商品改进的循环中成长进步。

专卖零售行业：植物医生化妆品

植物医生化妆品是我在化妆品专卖行业接到的唯一一个管理咨询项目，将精益零售运营体系导入植物医生后，植物医生也成了专卖行业的精益零售典型案例企业。

DR PLANT 植物医生是北京植物医生科技有限公司旗下主力品牌，是中国高山植物护肤品类的开创者，与中国科学院昆明植物研究所签订独家合作，并联合成立了“植物医生研发中心”，与科学家们一起探索高山植物的美肌奥秘。截至目前已拥有会员 800 多万人，门店数量 3500 家，分布在中国 314 个城市，并在日本、中国香港都开设有直营门店。品牌热衷于公益事业，2017 年启动“生物多样性——高山植物保护行动”，已在中国云南省 5590 亩的土地上开展生态环境恢复和保护工作。植物医生 2012—2018 年连续 6 年实现 30% 的业绩增长、位居中国化妆品行业独立品牌专卖店第一名。2018 年完成 26.61 亿元，2019 年预计销售将完成 33.1 亿元。

接到这个咨询项目时，我对化妆品行业完全是陌生的，也没有听说过植物医生这个品牌，是别的客户推荐我给植物医生做了两天关于精益零售的培训，才开始了与植物医生的管理咨询项目合作。在精益零售运营体系理论指导下，我对植物医生进行了管理改革，这也是考验精益零售理论是否在非超市行业也能适用的最佳案例，植物医生在接受精益零售管理咨询后也建立起自己的运营管理体系，取得了很大的进步。

以下是植物医生精益零售咨询的实践成果。

植物医生现行业务诊断

经过对植物医生高层管理层、中层各部门负责人、基层门店等不同组织层级的调研，发现了植物医生在发展过程中呈现出很多可以改进的地方，最主要的问题如下：

全国十大分公司独立开展业务，每家分公司既开设直营店又发展了代理商，代理商既开设自己的直营店又发展了加盟商，每家分公司都设有仓库。各加盟商订货前先打款给各代理商，各代理商再打款给分公司，各分公司再打款给植物医生，发货也是从北京、武汉两大总仓向各分公司、代理商进行发货，再由分公司、代理商向加盟商发货。存在代理商克扣加盟商赠品等现象，代理商也不用垫资在收到加盟商货款后才打给植物医生。

植物医生新的战略定位

植物医生整个商业模式是典型的传统代理批发模式，在早期帮助植物医生快速扩张、打响公司知名度做出了卓越的贡献，但随着植物医生品牌影响力的上升，现有的代理批发模式制约了公司的发展，门店与总部的信息沟通不顺畅，总部的政策难以顺利贯彻到门店，门店顾客声音也难以顺利传递到总部。因此，植物医生进行了从批发模式向零售模式转型，各代理商及加盟商直接向植物医生总部打款订货，总部直接通过总仓发货给各代理商及加盟商的门店，货物不经过分公司仓库。但要保证各代理商的既得利益，凡是代理商发展的加盟商的管理费或货物差价都归属代理商。植物医生新的战略定位是如何完成从批发模式向零售模式的转型，并重新搭建零售型组织架构及 IT 信息系统。

植物医生的业务转型

为了实现批发模式向零售模式转型，植物医生制订了把加盟商与直营店一视同仁的经营决策。植物医生的直营店大约每 10 家店会配备 1 名督导，原来加盟商 30~40 家店才会配备一名督导，也修改为 10 家加盟店配备 1 名督导，总部对加盟商的经营帮扶能力大大增强。

另外，批发模式下总部研发部很难收集到一线加盟商对顾客需求的调查，只能依赖于第三方市场调研公司对加盟商及顾客进行调查。植物医生转型为零售模式后，总部加强了对代理商、加盟商的管控与帮扶，通过新增设的督导体制，建立了门店与总部的双向信息共享机制。总部另外增设了 MD 商品管理中心，与研发部、销售部建立起来团队 MD 小组，一方面收集现场顾客及门店的反馈意见，另一方面与研发部共同进行商品企划、商品计划，大大增强了植物医生管理协同能力。

植物医生科技驱动能力

植物医生确立了零售模式战略定位后，业务模式也随之调整，相应的管理架构也跟着发生了变化，重点是构建了团队 MD、督导运营、JIT 供应链管理架构，原有的 IT 系统并不能适应新的管理架构，因而重新进行了 IT 战略规划、IT 系统需求分析，并规划了门店直接向植物医生总部订货的直发系统，直发系统要根据门店所在的物理位置，自动派单到离门店最近的植物医生中央仓库进行发货。

植物医生也建立了强大的 IT 研发中心，外聘中国、日本行业顶级的 IT 技术专家，成立自己的 IT 研发团队，依据新的零售模式开发了直发系统，完成了快速到店，快速结算、活动、新品铺货的全国统一部署；开发了基于 AI 人工智能技术的快速响应体系，打通供应、生产、销售相互衔接的系统；建立了基于单品管理的组织架构和运营体系以及配套的 IT 系统，有力地保障了植物医生在中国、日本开店的高效业务运营。

餐饮零售行业：味多美烘焙

总部位于北京的味多美烘焙潜心在一个行业精耕细作了 20 多年，是一家真正用心经营商品的公司，他们并未将盈利所得投入房地产等其他热门行业，而是一心一意聚焦在主业的经营上，并且将产品品质视为公司生命。味多美烘焙采用的是法国进口原料（如蛋糕全部为动物奶油）且在生产过程中不添加任何添加剂。

味多美创立于 1996 年，目前北京地区有 300 多家直营店，全国各地有近 500 家门店，是国内著名烘焙连锁食品品牌，主要经营中高端蛋糕、面包、咖啡、中西式点心、月饼、粽子等产品。数十年来，围绕客户的需求持续创新，与合作伙伴开放合作，在企业员工福利关怀、聚会庆典、商务活动定制、客户关系维护等方面为众多知名企业客户提供了优质的外包服务解决方案。作为中国烘焙行业引领者，长期以来，味多美坚持以优质的服务、健康美味的产品，努力给消费者提供高品质的生活享受。与此同时，力争成为广大企业客户的第一选择和最佳合作伙伴，成为深受消费者钟爱的品牌。

以下是味多美精益零售咨询的实践成果：

味多美现行业务诊断

味多美虽然采用的是法国进口原料，投巨资打造了现代化生产线，但由于烘焙行业的竞争已经白热化，企业进入微利时代，顾客需求变化多端，导致新商品开发后受顾客欢迎的程度比以往有所下降。这是因为餐饮业并非品质做到极致即可，当今的顾客认为做好品质是企业应该的，并不会因此而加分多少，顾客真正追求的是美味、新鲜、环境、时尚、心情等，在喜新厌旧的消费变化下，商品品质做得再好，但缺少新的款式，再美味的产品也会让人吃腻的。同样，再新鲜的产品如果不合时宜地出现在顾客面前，顾客也会不知所措。

味多美新的战略定位

味多美虽然属于餐饮服务业，但本质上还是制造型零售业，出现的问题也跟超市业、服装业、化妆品业大致相同，基本上都是各部门的职能战略并不清晰，商品部、运营部、IT 信息部等部门的职能也是较为模糊的。味多美确定了站在顾客立场思考，成为顾客的购买代理的发展方向。之前味多美门店就是产品研发部的销售代理，他们研发什么就卖什么，而不是门店顾客需要什么就生产什么。味多美新的战略定位是进行精益零售战略转型。

味多美的业务转型

味多美围绕精益零售战略，打造新的业务管理架构，重点是建立团队 MD 商品开发体制、督导运营管理体制、JIT 供应链体制等管理架构。商品部成立了商品企划组，从消费者日常生活出发，围绕顾客的生活行事历，研究 52 周商品开发计划与销售计划成为味多美最重要的管理课题。这样做的目的是为了挖掘出顾客真正的潜在需求，才能提前做好商品研发与生产计划。督导从过去的督促检查转型为对门店的管理帮扶，门店在学习了单品管理、假设—验证、数据经营后大大提高了订货精度，减少了缺货损失，并确保了商品更加新鲜。此外，门店与总部也建立了双向信息共享体系，一方面督导会收集来自门店、顾客的反馈信息上报给商品部进行商品开发改良，另一方面将总部的信息落实贯彻到门店，确保信息传递不衰减。

味多美的科技驱动能力

味多美在 IT 科技方面投入并不是太多，这与餐饮行业的普遍特点有关，餐饮行业大多愿意在中央厨房、生产设备等方面投入巨资，但在 IT 系统等软科学上不愿过多投入，这是因为他们并未意识到 IT 投资的价值，也未意识到 IT 帮助业务能创造多大的价值，或者是缺乏战略、业务、科技管理协同的方法论，虽然有大量 IT 投入但效果并不明显。因此，精益零售运营体系可以帮助味多美重新梳理战略、组织、流程，从而进行良好的 IT 战略规划，建设出与业务高度协同的 IT 系统，味多美的科技驱动探索已经在路上了。虽然目前 IT 系统并不是很先进，但店员已经学会单品管理、假设—验证、数据经营的方法可以大大提高门店订货的精度，这并不只是为了精准订货，而是让店员在未来的假设—验证中可以挖掘顾客潜在消费需求，更好地为顾客提供商品及服务。

后记

《精益零售》一书总结出了精益零售的起源、研究过程、管理思想成果、应用实践案例，这是我 20 年管理咨询研究成果的总结，但我也在思考下一个 20 年的研究课题及方向是什么？那就是信息化、数字化转型，也就是精益零售倡导的面向业务过程而非结果的数据经营。企业导入精益零售运营体系只是完成了上半场，真正的下半场是 IT 经营与数据经营，而真正决定企业间竞争力的是 IT 经营与数据经营，即要实现从供应商、零售商总部、门店或网店、全体店员等全价值链的 IT 经营与数据经营，这才是精益零售未来的方向。

传统企业信息化、数字化转型的最大障碍就是管理基础薄弱，缺乏管理体系支撑，而精益零售运营体系恰恰就是信息化、数字化转型的基石。数字化运营与数据经营强调的都是数据驱动业务创新，只不过数字化运营会让人联想到企业 IT 自动化，即业务流程 IT 化，而数据经营更强调人 +IT 自动化，实现的是人的知识创造 IT 化。

下面用一张图总结出了我研究的精益零售与碓井诚创立的 IT 经营论核心特质。

传统零售	精益零售	传统 IT 运营	IT 经营
采购型零售业	制造型零售业	战略、业务、IT 脱节	战略、业务、IT 融合
品类管理	单品管理	CIO 精通技术	CIO 精通战略
PDCA	假设—验证	业务驱动 IT	IT 驱动业务
年、月度计划	52 周计划	IT 是工具	IT 是生产力
供应商销售代理	顾客购买代理	结果数据分析	过程数据分析
以总部为起点	以门店为起点	信息孤岛	信息共享
以销售为中心	以商品为中心	IT 自动化	人 + IT 自动化
从现在出发	从未来出发	业务流程 IT 化	知识创造 IT 化

零售业是一个变化很快的行业，顾客需求瞬息万变，各种新营销渠道也随着互联网、支付、数据、人工智能技术等飞速发展而变化。精益零售理论要在纷繁复杂多变的环境中总结出不变的因素，那就是在动态的战略、动态的业务、动态的科技中建立三者静态的协同运营关系，构建出精益零售运营体系。精益零售运营体系相当于是企业管理操作系统，而原创商品开发相当于是企业的芯片，也是企业间差异化竞争战略的核武器。阿里巴巴构建的商业操作系统是在外围为企业赋能，而精益零售运营体系作为管理操作系统是为企业内部赋能，零售业如果能内外结合则会产生超级竞争力，中国互联网行业、零售行业大多关注的是商业模式创新、技术创新，管理创新并不多见，而精益零售就是一次管理创新与变革。

崇光 & 西武百货、伊藤洋华堂超市、优衣库、无印良品、丹尼斯餐饮等几乎所有日本零售业都在学习 7-ELEVEn 的经营思想。我们不是要照搬 7-ELEVEn 经营模式，或者照搬照抄其商品结构及门店表面的陈列与服务，而应该学习其战略、业务、科技协同运营的内核体系。

我在过去的 20 年中致力于精益零售的研究及推广，曾提供过精益零售培训或咨询的企业有阿里巴巴、苏宁易购、中石油昆仑好客便利店、植物医生化妆品、中赛巴布豆童装、海澜之家、罗莱生活、热风鞋服、伊芙丽服饰、安美拉内衣、CC&DD 服饰、高梵服饰、松山棉店、阿唯得服饰、萱子饰品、卡哇伊饰品、启路生活、潮品挚尚、Costa 咖啡、味多美烘焙、同庆楼餐饮、一鸣奶吧、老婆大人休闲食品、筷来点外卖便当、释岩袋泡茶、甘肃巨龙集团等，在此非常感谢他们对我研究精益零售的大力支持！

在所有的管理咨询项目中，中石油昆仑好客根据精益零售运营体系研发出自己的运营体系——昆仑好客运营体系（KOS）。在此也要特别感谢中石油昆仑好客总经理刘刚先生将精益零售引入昆仑好客进行体系变革，也要感谢推动精益零售变革的项目负责人昆仑好客经营部董宇鲲处长、白云副处长，正是因为他们对项目的专注投入，才保障了项目的成功实施。同时我也要感谢云南中石油 KOS 运营体系架构师马先艳、福建中石油 KOS 运营体系架构师于航，正是因为他们日夜奋斗，主持编写了《KOS 运营体系工作手册》《KOS 运营体系推广方案》《KOS 运营体系培训教材》，成为昆仑好客全国 2 万多个加油站便利店的落地实施教材。

最后，非常感谢 IT 经营大师碓井诚先生，他是我研究精益零售的启蒙老师，使得我能站在巨人的肩膀上，但我也没有照搬老师的理论，而是在老师的“IT 经营论”基础上研究出精益零售运营体系，并且推广到服装、餐饮、专卖等其他零售业态。我也要感谢我的老领导原上海用友幅驰信息咨询公司总经理、现瑞友科技公司研究院副院长张力先生、上海交通大学零售总裁班李磊和刁小娟等众多老师、阿里巴巴新零售供应链研究中心负责人游五洋（希疆）先生、弘章资本创始人翁怡诺先生对于我研究精益零售的帮助与推广，以及石油工业出版社王昕、黄晓林等编辑们的辛勤工作。最后还要感谢我的妻子、女儿、儿子给了我其乐融融的美好家庭生活，让我专心致志地从事精益零售研究。

中国和日本无论是在制造业还是零售业上的差距都还很大，日本零售业在 30 年前就已经实现制造化转型为制造型零售业，而中国改革开放仅仅才 40 年，中国的工业化基础还很薄弱，零售业也才刚刚开始转型为制造型零售业，但中国这 40 年取得的经济成就是有目共睹的。希望本书的出版可以让更多的人了解 7-ELEVEn，了解精益零售及其运营体系，师夷长技以制夷，这样使得中国零售业可以大大缩短与日本零售业之间的差距。精益零售理论也还需要持续改进，希望精益零售能推动中国零售业的发展！ 不忘初心，牢记使命，为实现中华民族伟大复兴的中国梦不懈奋斗！